REPORTING TO PARENTS

in

ENGLISH AND SPANISH

BY BARBARA THURO

Published by

Ammie Enterprises
Vista, California

REPORTING TO PARENTS

IN

ENGLISH AND SPANISH

Copyright © 1990

Ammie Enterprises
Post Office Box 2132
Vista, CA 92085-2132
(619) 758-4561
FAX: (619) 941-2476

Printed in the United States of America

Library of Congress Card Catalog Number 89-086000
ISBN 0-932825-03-6

Introduction

This book was prepared to assist teachers who need to communicate with the Spanish speaking members of the school population regarding student progress. It is intended, not only for the use of staff members who do not have the services of a translator, but also for those native speakers who have not had contact with some of the specific vocabulary needed in the school setting.

Through use of vocabulary lists, sentence patterns can easily be changed to construct sentences appropriate for specific situations.

Acknowledgements

I wish to thank the following individuals, without whose help this book would not have been possible: Dr. Eleanor Meyer, Professor of Spanish at Long Beach City College, who served as Spanish language advisor; Nina Kubli, translator and Spanish proofreader; Beverly Riffle, English proofreader; Leticia Aroyo, Spanish proofreader; Kari Evans, typist, and the teachers of the Escondido Union School District, Escondido, California, who inspired me to write this book.

PRONUNCIATION GUIDE

Spanish Vowels . . . . **English Pronunciation**

a . . . . "ah" as in father

e (when ending a syllable) . . . . "eh" as in let

e (when a syllable ends in a consonant) . . . . "ay" as in say

i . . . . "ee" as in see

o . . . . "oh" as in open

u . . . . "oo" as in moon

u is silent when preceeded by q (que = keh)

Spanish Consonants . . . . **English Pronunciation**

c (followed by a, o, u) . . . . "k" as in come

c (followed by e, i) . . . . "s" as in this

g (followed by a, o, u) . . . . "g" as in get

g (followed by e, i) . . . . "h" as in hot

h . . . . silent

j . . . . "h" as in has

ll (like English y) . . . . "y" as in yet

ñ . . . . "ny" as in canyon

qu (followed by e, i) . . . . "k" as in king

rr . . . . trilled

v . . . . "b" as in boy

z . . . . "s" as in sun

Y (is the Spanish word for "and") . . . . "ee" as in see

Spanish Accents

Most words ending in a consonant, except n̠ or s̠, are stressed on the last syllable, (example: juven**tud**, profes**or**).

Most words ending in a vowel or n̠ or s̠ have the stress on the next to the last syllable, (example: **cla**se, **te**la, panta**lo**nes.

Words not pronounced according to these rules will have an accent mark on the syllable to be stressed, (example: lec**ción**, tri**án**gulo).

TABLE OF CONTENTS

SCHOOL ADJUSTMENT

AND

ATTITUDE TOWARD SCHOOL

SCHOOL & CLASS ADJUSTMENT

Adaptacíon en la Escuela y en Clase

1. He (She) has made a good adjustment to his (her) new class.
Se ha acostumbrado bien a su nueva clase.

2. He (She) has made an excellent adjustment to _____ School. He (She) has quickly and quietly become a class leader; respected and liked by all.
Se ha acostumbrado bien a la Escuela _____. Se ha convertido rápida y silenciosamente en un líder respetado(a) y querido(a) por todos.

3. He (She) is a good student who enjoys school and his (her) peers.
Es un(a) buen(a) estudiante que disfruta de la escuela y de sus compañeros.

4. He (She) has begun the year as an eager, energetic student.
Ha empezado el año como un(a) estudiante dispuesto(a) y enérgico(a).

5. He (She) seems to better understand what is expected of him (her). He (She) is beginning to make better use of his (her) time and is trying to complete his (her) daily assignments.
Aparenta entender mejor lo que se espera de él (ella). Está empezando a utilizar mejor el tiempo y está tratando de completar sus asignaciones diarias.

6. He (She) has made a good adjustment to the class. He (She) is enthusiastic and enjoys participating in activities.
Se ha acostumbrado bien a la clase. El (Ella) es entusiasta y disfruta de participar en actividades.

7. He (She) has made excellent progress adjusting to a new situation.
Ha hecho un progreso excelente acostumbrándose a una situación nueva.

8. He (She) seems much more comfortable with school this second quarter.
   Aparenta sentirse mucho más cómodo(a) con la escuela este segundo cuarto del año.

9. He (She) is keenly interested in and involved with all classroom activities.
   Está muy interesado(a) e involucrado(a) con todas las actividades de la clase.

10. He (She) takes school and his (her) work very seriously.
    Él (Ella) toma la escuela y su trabajo muy en serio.

11. He (She) has made a good adjustment to _____ grade (_____ School).
    Se ha acostumbrado bien al _____ grado (Escuela_____).

12. He (She) seems to have made many friends.
    Parece haber hecho muchos amigos.

13. He (She) is adjusting to the kindergarten routine which was difficult in the beginning.
    Se está acostumbrando a la rutina del kínder que le era difícil al principio.

14. He (She) has adjusted to school and took no time at all to fit right in.
    Parece estar acostumbrado(a) a la escuela y no tardó mucho tiempo en sentirse a gusto.

15. He (She) has adjusted to school and has many friends.
    Se ha acostumbrado a la escuela y tiene muchos amigos.

16. At times _____ seems a little anxious and complains about stomach aches.
    A veces _____ parece un poco inquieto(a) y se queja de dolores de estómago.

17. I feel he (she) needs reassurance that he (she) is doing fine.
    Yo pienso que él (ella) necesita que se le asegure que está haciendo buen progreso.

18. _____ has not made a good adjustment to our class, and I would like to have a conference with you as soon as possible.
_____ **no se ha acostumbrado a nuestra clase, y yo quisiera hablar con usted lo más pronto posible.**

19. He (She) appears to be more at ease and able to accept his (her) own mistakes more easily.
Parece estar más a gusto y puede aceptar más fácilmente sus errores.

_____

_____

_____

_____

_____

_____

_____

_____

_____

_____

_____

_____

_____

_____

_____

POSITIVE SCHOOL ATTITUDE

Actitud Positiva Respecto a la Escuela

1. He's (She's) interested in his (her) school work.
   Está interesado(a) en las tareas de la escuela.

2. He (She) has the desire to learn.
   Tiene el deseo de aprender.

3. He (She) makes an effort with new things.
   Se esfuerza por hacer cosas nuevas.

4. He (She) can solve his (her) own problems.
   Puede resolver sus propios problemas.

5. He (She) takes his (her) responsibilities seriously.
   Toma sus responsabilidades en serio.

6. He (She) doesn't have any problems.
   No tiene ningún problema.

7. He (She) always cooperates.
   Siempre coopera.

8. He (She) is really a delight to have in class. He (She) is enthusiastic and hard-working.
   Es realmente un placer tenerlo(la) en la clase. Tiene entusiasmo y trabaja duro.

9. He (She) is always eager to please and to do his (her) best.
   Siempre trata de complacer y hacer lo mejor posible.

10. It is a pleasure to have a student such as _____. He (She) has such a positive attitude toward school.
   Es un placer tener un estudiante como _____. Tiene una actitud tan positiva respecto a la escuela.

11. He (She) continues to have a positive attitude towards school and his (her) peers.
   Continúa teniendo una actitud positiva hacia la escuela y sus compañeros.

12. _____ has a wonderful attitude about school and is always trying hard.
   _____ tiene una actitud muy buena respecto a la escuela y siempre trabaja diligentemente.

13. _____ tries to do what is asked of him (her) and has a great attitude toward school.
   _____ trata de hacer lo que se le pide y tiene muy buena actitud hacia la escuela.

14. He (She) seems eager to learn.
   Parece ansioso(a) de aprender.

15. His (Her) eagerness to learn is refreshing.
   Su deseo de aprender es agradable.

16. He (She) is always sweet and kind to everyone in our class, making it a happy place to be.
   Es siempre tan amable y bueno(a) con todos en nuestra clase, haciéndola un lugar muy grato.

17. _____'s attitude has improved significantly.
   La actitud de _____ ha mejorado bastante.

18. _____ has shown progress in his (her) attitude about attending school.
   _____ ha demostrado progreso en su actitud respecto a la asistencia a la escuela.

19. As we learn more of the basic skills, his (her) interest increases.
   Como aprendemos más de las habilidades básicas, su interés mejora.

20. I am so pleased with his (her) interest and enthusiasm in all his (her) work.
   Estoy muy contento(a) con su interés y entusiasmo en todo su trabajo.

21. _____'s attitude has improved greatly since school started.
   La actitud de _____ ha mejorado mucho desde los primeros días de clase.

22. _____ has a wonderful attitude towards school and is an enthusiastic learner.
   _____ tiene una actitud muy buena hacia la escuela y es un(a) estudiante con entusiasmo.

23. He (She) is trying to improve his (her) attitude, and I think he (she) deserves credit for this.
   Está tratando de mejorar su actitud, y creo que merece crédito por esto.

24. _____ is beginning to enjoy working at school. He (She) seems to feel that he (she) is one of the group now.
   _____ está empezando a disfrutar de trabajar en la escuela. Parece sentirse miembro(a) del grupo ahora.

25. He (She) has a good attitude toward his (her) school work and assumes responsibility well.
   Tiene buena actitud hacia su trabajo de la escuela y asume responsabilidades bien.

26. _____ is a highly motivated child who is very anxious to do his (her) best.
   _____ es un(a) niño(a) con mucha motivación que está ansioso(a) de sobresalir.

NEGATIVE SCHOOL ATTITUDE

Actitud Negativa Respecto a la Escuela

1. _____'s attitude at school tends to be negative and he (she) shows a lack of interest in most activities.
La actitud de _____ en la escuela es negativa y demuestra una falta de interés en la mayor parte de las actividades.

2. It will take a combined effort on our parts to help him (her) improve his (her) attitude.
Va a ser necesario un esfuerzo combinado de parte nuestra para ayudarlo(a) a mejorar su actitud.

3. _____ still needs many reminders regarding his (her) attitude toward teachers and his (her) conduct in the classroom and on the playground.
_____ todavía necesita que se le recuerde muchas veces acerca de su actitud hacia los maestros y su comportamiento en la clase y en el patio de recreo.

4. As we discussed, _____'s attitude toward the basic skills areas is not good.
Como dijimos antes, la actitud de _____ hacia las áreas de habilidades básicas no es buena.

5. Although there has been some improvement in _____'s attitude toward his (her) school work and the other students, it is not consistent.
A pesar de que hubo mejoramiento en la actitud de _____ hacia su trabajo de la escuela y los otros estudiantes, no es consistente.

6. It appears that as we learn more of the new skills, his (her) interest in school lags.
Parece que así como aprendemos más de las habilidades básicas, su interés en la escuela se retraza.

7. He (She) has become defiant and increasingly diffficult to handle.
Se ha puesto desafiante y cada vez más difícil de controlar.

8. His (Her) report card this time is a reflection of his (her) attitude toward school work and school rules.
Su libreta de calificaciones esta vez es un reflejo de su actitud hacia el trabajo de la escuela, y las reglas de la escuela.

9. I am concerned about a change in attitude I have seen lately with _____. He (She) has been more easily distracted, not paying attention in class, and not always following classroom rules.
Estoy preocupado(a) por el cambio de actitud de _____ que he notado recientemente. Ha estado más distraído(a), no prestando atención en la clase y no siempre siguiendo las reglas de la clase.

10. _____ continues to need to work on his (her) attitude and temper.
_____ continúa necesitando esforzarse por mejorar su actitud y su temperamento.

11. _____ is not doing his (her) school work and seems not to care about doing the assignments.
_____ no está haciendo el trabajo de la escuela y parece no importarle hacer las tareas.

12. He (She) needs to improve his (her) attitude toward physical education and games. His (Her) attitude sometimes causes problems on the playground.
Necesita mejorar su actitud hacia los juegos físicoeducacionales. Su actitud a veces causa problemas en el campo de recreo.

_____

_____

_____

_____

_____

_____

_____

WORK HABITS

POSITIVE WORK HABITS

Hábitos de Trabajo Positivos

General Comments

Comentarios Generales

1. He (She) tries to do good work.
   Trata de hacer buen trabajo.

2. He (She) tries to do the best he (she) can.
   Trata de hacer lo mejor que puede.

3. He (She) usually finishes his (her) work.
   Generalmente, completa las tareas asignadas.

4. He's (She's) a good worker.
   Es un(a) buen(a) trabajador(a).

5. He (She) works (studies) hard.
   Trabaja (Estudia) diligentemente.

6. He (She) does his (her) work well.
   Hace su trabajo bien.

7. He (She) is quiet while working.
   Está callado(a) cuando trabaja.

8. He (She) follows directions well.
   Sigue las instrucciones bien.

9. He (She) has good study habits.
   Tiene buenos hábitos de estudio.

10. He (She) is trying to improve.
    Está tratando de mejorarse.

11. He (She) is a capable student and is developing good independent
    work habits.
    **Es un(a) estudiante capaz y está desarrollando buenos hábitos de
    trabajo independiente.**

12. He (She) is a good worker who tries to complete his (her) assignments
    with pride.
    **Es un(a) buen(a) estudiante que trata de completar sus tareas con
    orgullo.**

13. He (She) is able to work steadily alone and follow directions carefully.
    He (She) consistently does his (her) best work.
    **Puede trabajar solo(a) frecuentemente y sigue instrucciones con cuidado.
    Consistentemente hace lo mejor que puede.**

14. He (She) is a good all-around student with a broad background of
    information.
    Es un(a) buen(a) estudiante con un amplio fondo de información.

15. He (She) is a good student and puts forth much effort in completing
    his (her) work.
    **Es un(a) buen(a) estudiante y se esfuerza mucho por completar su
    trabajo.**

16. He (She) applies himself (herself) well in class. He (She) is
    very eager to learn and to do a good job. I'm so pleased with
    his (her) progress in all areas. He (She) had another great
    quarter!
    **Se aplica en la clase. Está muy ansioso(a) de aprender y hacer un
    buen trabajo. Estoy muy satisfecho(a) con su progreso en todas las
    áreas. Ha tenido otro buen cuarto del año.**

17. _____ has outstanding independent work habits. He (She) has a
    serious attitude about his (her) school work.
    _____ **tiene hábitos independientes de trabajo que son excelentes.
    Toma su trabajo de la escuela en serio.**

18. He (She) is a good worker and completes his (her) work with care.
Trabaja bien y completa su tarea con cuidado.

19. _____ is a highly motivated, hardworking, dedicated student who has accomplished all that was expected of him (her) this trimester.
_____ es un(a) estudiante muy motivado(a), diligente y dedicado(a) que ha logrado todo lo que se esperaba de él (ella) este trimestre.

20. His (Her) superior work is a reflection of his (her) fine attitude and effort.
Su excelente trabajo es un reflejo de su buena actitud y esfuerzo.

21. He (She) is quiet but responsive in class.
Es callado(a) pero responde en la clase.

22. He (She) has shown improvement in his (her) work habits but still needs to work on this area.
Ha demostrado progreso en sus hábitos de estudio pero aún necesita trabajar en este área.

23. His (Her) work habits have improved, which has helped tremendously in improving other areas.
Sus hábitos de estudio se han mejorado, lo cual ha ayudado mucho en el progreso de otras áreas.

24. Improvements are being observed in _____'s efforts to keep his (her) desk in order.
Se puede observar progreso en el esfuerzo de _____ por mantener su pupitre en orden.

25. He (She) is an exemplary student.
Es un(a) estudiante ejemplar.

26. _____ takes a keen interest in all of his (her) work and has shown growth in all areas.
_____ se interesa mucho por todo su trabajo y ha demostrado progreso en todas las áreas.

27. _____ is trying to complete his (her) work with greater care and confidence.

_____ está tratando de completar su trabajo con más cuidado y confianza.

28. It is a real pleasure to work with such a conscientious and well-mannered child.

Es un placer trabajar con un(a) niño(a) tan concienzudo(a) y bien educado(a).

29. He (She) makes an effort to do careful, excellent work and usually succeeds.

Se esfuerza por hacer un trabajo excelente y cuidadosamente y generalmente lo logra.

30. I'm very pleased to see _____ trying to do his (her) best in all his (her) work.

Me complace ver a _____ tratando de hacer lo mejor posible en todo su trabajo.

31. _____ does good work when he's (she's) willing to work at it.

_____ hace un buen trabajo cuando se propone hacerlo.

32. He (She) continues to do high quality work in all areas.

Continúa haciendo trabajo de calidad en todas las áreas.

33. He (She) takes a lot of pride in turning in work that is neat and on time.

Se enorgullece de entregar su trabajo bien hecho y a tiempo.

34. It's always a pleasure to check _____'s work because he (she) takes such pride in being neat.

Es siempre un placer corregir el trabajo de _____ porque siempre se enorgullece por hacerlo con esmero.

35. He (She) is always prepared for class and his (her) work is well done.

Siempre está preparado(a) para la clase y su trabajo siempre está bien hecho.

36. _____ continues to be a good worker in class.
    _____ **continúa trabajando bien en la clase.**

37. He (She) works carefully and neatly on all his (her) work.
    Trabaja cuidadosa y ordenadamente en todo su trabajo.

38. _____ works well independently and does a good job of completing projects.
    _____ **trabaja bien independientemente y hace un buen trabajo completando proyectos.**

39. _____ puts forth good effort in completing his (her) work on time and is becoming more confident with his (her) school successes.
    _____ **se esfuerza por completar su trabajo a tiempo y está más seguro(a) de sí mismo(a) con su éxito en la escuela.**

40. _____ has raised nearly every grade this quarter by being more responsible in his (her) work habits.
    _____ **ha mejorado casi todas sus calificaciones en este cuarto del año por ser más responsable en sus hábitos de trabajo.**

41. His (Her) grades reflect his (her) fine study habits, and his (her) work is always done neatly and carefully.
    Sus calificaciones reflejan sus buenos hábitos de estudio, y siempre hace su trabajo bien y con cuidado.

42. _____ seems to be taking his (her) work and work habits more seriously this quarter.
    Parece que _____ está tomando su trabajo y hábitos de trabajo más en serio en este cuarto del año.

43. _____ is a highly motivated child who is very anxious to do his (her) best.
    _____ **es un(a) niño(a) con mucha motivación que está muy ansioso(a) de hacer lo mejor que puede.**

44. I know he (she) will continue to do his (her) best this next quarter.
   Sé que continuará haciendo lo mejor posible este próximo cuarto del año.

45. He (She) works hard without being pushed.
   Se esfuerza sin que se le empuje.

46. He (She) completes his (her) work quickly and accurately.
   Completa su trabajo rápida y correctamente.

47. He (She) always tries to do the extra bonus point activities.
   Siempre trata de hacer las actividades extras para ganar más puntos.

48. He (She) is a happy, conscientious, dependable student.
   Es un(a) estudiante feliz, concienzudo(a) y se puede contar con él (ella).

_____

_____

_____

_____

_____

_____

_____

_____

_____

Time on Task

Tiempo en el Trabajo

1. He (She) is developing into a good independent worker.
   Está haciendose un(a) estudiante que trabaja bien independientemente.

2. _____ is using better self-control in both talking and use of time. Keep it up, _____!
   _____ está usando más dominio de sí mismo en hablar y en el uso del tiempo. ¡Sigue adelante, _____!

3. I am especially pleased that he (she) has organized himself (herself) so that he (she) is finishing his (her) daily work.
   Estoy muy contento(a) que él (ella) se haya organizado de tal forma que termina su trabajo diario.

4. He (She) has settled into classroom routines and uses much of his (her) spare time reading.
   Se ha acostumbrado a las rutinas de la clase y utiliza gran parte de su tiempo libre leyendo.

5. His (Her) study habits have also improved. He (She) is organizing his (her) work and time and getting more accomplished.
   Sus hábitos de estudio también se han mejorado. Está organizando su trabajo y su tiempo y está logrando más.

6. _____'s time on task has increased greatly this trimester.
   El tiempo que _____ emplea en su trabajo ha incrementado mucho este trimestre.

7. He (She) still works best alone and he (she) is applying greater effort in most areas.
   Todavía trabaja mejor solo(a) y está esforzándose mucho en casi todas las áreas.

8. He (She) consistently completes his (her) work neatly and carefully.
   Consistentemente completa su trabajo bien y cuidadosamente.

9. He (She) has excellent study habits and gets right to work when an assignment is made.
   Tiene hábitos de estudio excelentes y se pone a trabajar inmediatamente cuando se le da una tarea.

10. _____ has made a determined effort to finish his (her) work on time.
    _____ ha hecho un esfuerzo determinado para completar su trabajo a tiempo.

11. He (She) is learning to organize his (her) work and time to get more accomplished during class.
    Está aprendiendo a organizar su trabajo y tiempo para lograr más durante la clase.

12. He (She) has been doing better about talking out during class.
    Ha mejorado el problema de hablar durante clases.

13. _____ has worked very diligently to complete the work on time this quarter.
    _____ ha trabajado muy diligentemente para completar su trabajo a tiempo durante este cuarto del año.

14. He (She) always starts his (her) work immediately and concentrates on his (her) task.
    Siempre empieza su trabajo inmediatamente y se concentra en la tarea.

15. I appreciate the way _____ always has his (her) assignments completed.
    Me alegra mucho que _____ siempre tenga sus tareas completas.

Listening

Escuchando

1. He (She) is a careful listener and follows through on suggestions.
   Escucha cuidadosamente y hace lo que se le sugiere.

2. He (She) is working more quietly in the class and has become a more attentive listener.
   Trabaja más tranquilamente en la clase y escucha más atentamente.

3. He (She) pays attention in class and applies what he (she) learns to his (her) work.
   Siempre presta atención en la clase y aplica lo que aprende en su trabajo.

_____

_____

_____

_____

_____

_____

_____

_____

_____

Following Directions - Cooperation

Siguiendo Instrucciones - Cooperación

1. He (She) is a sweet, cooperative child.
   Es un(a) niño(a) bueno(a), que coopera.

2. _____ sets an excellent example of good behavior in class at all times.
   _____ es un ejemplo excelente de buena conducta en la clase todo el tiempo.

3. He (She) is very cooperative and hard-working.
   Es muy cooperativo(a) y trabaja con diligencia.

4. He (She) is really improving on not speaking without permission during class.
   De veras, se comporta mucho mejor por no hablar sin permiso durante la clase.

5. His (Her) spirit of cooperation is reflected in the good growth he (she) is showing in the basic skills.
   Su espíritu de cooperación se refleja en el progreso que está demostrando en las habilidades básicas.

6. Control of speaking out in class has definitely improved.
   Se ha mejorado definitivamente su tendencia de hablar en la clase.

_____

_____

_____

_____

_____

Effort

Esfuerzo

1. I'm especially happy to see that extra bit of work that raised his (her) grade to outstanding.
   Estoy muy contento(a) de ver ese empeño en el trabajo que ha cambiado su calificación a sobresaliente.

2. His (Her) effort and attitude are outstanding.
   Su esfuerzo y actitud son sobresalientes.

3. _____ works conscientiously to improve his (her) skills.
   _____ trabaja concientemente para mejorar sus habilidades.

4. He (She) is now realizing much satisfaction from doing his (her) work well.
   Obtiene mucha satisfacción de hacer su trabajo bien.

5. _____ is a highly motivated child who is very anxious to do his (her) best.
   _____ es un(a) niño(a) con mucha motivación que está muy ansioso(a) de hacer lo mejor que pueda.

_____

_____

_____

_____

_____

_____

WORK HABITS - PROBLEM AREAS

Hábitos de Trabajo - Áreas de Preocupación

Incomplete or Late Assignments

Asignaciones Incompletas o Atrasadas

1. _____ is completing the assigned work less than half the time, and not doing it carefully.
   _____ está completando las tareas asignadas menos de la mitad del tiempo, y no está haciéndolas con cuidado.

2. _____ is very capable, but seldom works up to his (her) ability. He (She) needs immediate consequences and rewards to complete his (her) work.
   _____ es muy capaz, pero rara vez trabaja al límite de su habilidad. Necesita castigos y premios muy inmediatos para completar su trabajo.

3. He (She) has to take responsibility for completion of assignments.
   Tiene que sentirse responsable por completar sus asignaciones.

4. _____ is not starting his (her) assignments when instructed to, nor is he (she) staying on task. There were many incomplete assignments, all of which were indicated on the report that goes home each week.
   _____ no empieza sus asignaciones cuando se le dice ni continúa haciendo el trabajo. Hay muchas tareas incompletas que fueron mencionadas en el reporte que usted recibe semanalmente.

5. There were homework assignments not turned in this quarter.
   Algunas asignaciones de tarea no fueron entregadas este cuarto del año.

6. He (She) fell in reading and language because some assignments were poorly done.
Recibió peores calificaciones en lectura y lenguaje por no hacer bien algunas asignaciones.

7. He (She) is very conscientious but sometimes spends too much time on one thing.
Es muy concienzudo(a) pero a veces pasa demasiado tiempo en una cosa.

8. He (She) is a careful worker and while he (she) is making better use of his (her) time, he (she) still does not always complete his (her) daily assignments.
Trabaja cuidadosamente y a pesar de que está utilizando mejor su tiempo, aún no siempre completa sus asignaciones diarias.

9. He (She) tends to work too slowly and this makes some assignments late. He (She) should try to increase his (her) speed.
Tiende a trabajar muy lentamente y por eso, algunas de sus asignaciones se entregan tarde. Debe tratar de hacerlas más rápidamente.

_____

_____

_____

_____

_____

_____

_____

_____

_____

Quality

Calidad

1. His (Her) organizational skills are very poor and we will begin a more assertive approach to improvement in this area immediately.
Sus habilidades de organización son muy bajos y haremos un esfuerzo por mejorarlas inmediatamente.

2. The quality of _____'s work was not very good most of this quarter, but he (she) has improved in the last three weeks.
La calidad de trabajo de _____ no era muy bueno la mayor parte de este cuarto del año, pero se ha mejorado en las últimas tres semanas.

3. He (She) has the capability of being an excellent student, but needs to work more carefully.
Tiene la capacidad de ser un(a) alumno(a) excelente, pero necesita trabajar con más cuidado.

4. _____ is capable of much better quality work than he (she) is doing. If he (she) wants to, his (her) papers are neatly and carefully done. Most of the time however, they are messy and done without enough thought.
_____ tiene la capacidad de hacer mejor trabajo que el que está haciendo. Si quiere, sus papeles están hechos bien y cuidadosamente. Sin embargo la mayor parte del tiempo, no los hace con cuidado ni con bastante atención.

5. He (She) needs to spend time doing quality work.
Necesita utilizar más tiempo haciendo trabajos de calidad.

6. He (She) does need to continue to put forth more of an effort to make his (her) assignments neater.
Necesita continuar esforzándose más por hacer sus asignaciones con más esmero.

Wasting Time

Perdiendo el Tiempo

1. He (She) must work more quietly and try to get everything in on time.
   Debe trabajar más silenciosamente y tratar de entregar todo a tiempo.

2. _____ truly wants to do the right thing but he (she) is still having difficulty budgeting his (her) work time.
   De veras, _____ quiere hacer las cosas bien pero todavía le es difícil organizar su tiempo de trabajo.

3. He (She) is bright and verbal, but tends to daydream and doesn't always finish his (her) work.
   Es inteligente y locuaz, pero tiende a soñar despierto(a) y no siempre termina su trabajo.

4. He (She) has very poor work habits. He (She) needs to continue practicing all the things mentioned last semester.
   Tiene hábitos de estudio muy bajos. Necesita continuar practicando todas las cosas mencionadas el semestre pasado.

5. He (She) is capable of excellent academic performance and needs only to work on concentration and using time wisely.
   Es capaz de lograr un desempeño académico excelente, pero sólo necesita esforzarse por concentrar y usar bien el tiempo.

6. _____ needs to work on his (her) work habits and his (her) self-discipline skills, in order to make better use of time.
   _____ necesita esforzarse en sus hábitos de trabajo y su dominio de si mismo(a), para aprovechar mejor el tiempo.

7. Next trimester _____ needs to concentrate on working quietly and beginning his (her) work promptly. Too often this trimester he (she) has been talking too much.
   En el próximo trimestre _____ necesita concentrarse en trabajar en silencio y empezar su trabajo a tiempo. Demasiado frecuentemente este trimestre, hablaba mucho.

8. He (She) has reverted to an increased time off task and making noises.
   Se ha revertido a utilizar menos tiempo trabajando y a hacer ruido.

9. He (She) will need to settle down and focus on his (her) work if he (she) is to succeed.
   Necesita tranquilizarse y prestar atención a su trabajo si quiere tener éxito.

10. He (She) is beginning to waste time visiting with others.
    Está empezando a perder el tiempo conversando (platicando) con otros.

11. He (She) needs to concentrate more during school hours and get more accomplished.
    Necesita concentrarse más durante las horas de clases y completar más.

12. His (Her) social life is taking precedence over neatness and punctuality in his (her) work.
    Su vida social empieza a ser más importante que hacer un trabajo esmerado y puntual.

13. _____ is easily distracted and needs to be encouraged to finish his (her) work during worktime and not to dawdle.
    _____ se distrae fácilmente y necesita que se le incite a terminar su trabajo durante el tiempo de trabajo y no perder el tiempo.

14. Work habits have been slipping the past few weeks. He (She) needs to settle down and complete his (her) tasks.
    Sus hábitos de trabajo se han empeorado en las últimas semanas. Necesita ponerse seriamente a trabajar y completar sus trabajos.

15. Every day he (she) is wasting his (her) work and study time and needs constant reminders to keep at his (her) tasks.
    Todos los días está perdiendo su tiempo de trabajo y estudio y es necesario recordarle constantemente que tiene que trabajar.

16. He (She) is often out of his (her) seat wanting attention about trivial matters.

A menudo está fuera de su asiento preguntando acerca de cosas sin importancia.

17. He (She) is more interested in writing notes and entertaining those around him (her) than in doing his (her) work.

Está más interesado(a) en escribir notas y entretener a los que lo (la) rodean que en hacer su trabajo.

18. He (She) should realize by now that school is a place where we work and study.

Debe darse cuenta de una vez que la escuela es un lugar donde trabajamos y estudiamos.

_____

_____

_____

_____

_____

_____

_____

_____

_____

_____

_____

Following Directions

Seguir Instrucciones

1. _____ has a hard time obeying the rules.
   _____ tiene dificultad en obedecer las reglas.

2. He (She) does not listen and follow directions as well as he (she) should.
   No presta atención y no sigue instrucciones tan bien como debe.

3. He (She) talks out without raising his (her) hand during group discussions.
   Habla sin levantar la mano durante discusiones en grupo.

4. He (She) is not following directions and too many rules are being broken.
   No sigue las instrucciones y muchas veces rompe demasiadas reglas.

5. He (She) still needs to work on staying in his (her) seat.
   _____ spends too much time worrying about what others are doing.
   Necesita aprender a quedarse en su asiento. _____ pasa demasiado tiempo preocupándose por lo que los otros hacen.

_____

_____

_____

_____

_____

_____

Working Independently - Talking

Trabajo Independiente - Plática

1. His (Her) work habits need to improve. He (She) finds it difficult
   to work independently.
   **Necesita mejorar sus hábitos de estudio. Encuentra difícil trabajar
   independientemente.**

2. He (She) needs individual supervision to finish his (her) work
   in class.
   **Necesita supervisión individual para completar su tarea en
   la clase.**

3. His (Her) talking without permission interferes with the work of others.
   Cuando habla sin permiso, molesta a los otros.

4. He (She) is very restless, and spends too much time talking.
   Es muy inquieto(a), y pasa demasiado tiempo platicando.

5. _____ needs to work on controlling his (her) talking during
   quiet work times.
   **_____ necesita dejar de hablar durante momentos de trabajo
   en silencio.**

6. _____ expends more energy on the social aspects of school than
   focusing on learning.
   **_____ gasta más energía en los aspectos sociales de la escuela
   que en enfocarse en aprender.**

7. _____ has become very social and perhaps needs to remember when to
   visit with friends and when to listen and work.
   **_____ se ha puesto muy sociable y tal vez necesite recordar cuándo
   conversar con amigos y cuándo escuchar y aprender.**

31

8. This quarter _____ has been talking a great deal to his (her) neighbor. He (She) needs to become a quiet worker.
Este cuarto del año _____ ha hablado mucho con su vecino. Necesita trabajar en silencio.

9. _____ has been very talkative during times when he (she) should be listening.
_____ ha hablado mucho cuando debería estar escuchando.

10. _____ wants to play and needs supervision constantly.
_____ sólo quiere jugar y necesita supervisión constantemente.

11. He (She) has disturbed his (her) friends sitting next to him (her) and has often had to be asked to sit away from the group.
Ha molestado a sus amigos sentados a su lado y muchas veces se le ha tenido que pedir que se separe del grupo.

12. _____ needs to try to work more quietly and not bother other children when they should be working quietly.
_____ necesita tratar de trabajar más silenciosamente y no molestar a otros niños cuando ellos deberían estar trabajando en silencio.

13. He (She) is easily distracted and very sociable and therefore works best apart from others.
Se distrae fácilmente y es muy sociable y por eso trabaja mejor cuando está separado(a) de los otros.

14. _____ is a very capable student and when he (she) attends to the task at hand, the results are excellent. He (She) still needs frequent reminders.
_____ es un(a) alumno(a) muy capaz y cuando presta atención a la tarea, los resultados son excelentes. Todavía hay que recordale frecuentemente.

15. _____ needs to work on controlling his (her) behavior during quiet work times.
_____ necesita esforzarse por portarse bien durante momentos de trabajo en silencio.

16. He (She) does enjoy visiting with neighbors during work times which is against our class rules.
Le gusta conversar con sus vecinos durante momentos de trabajo en silencio lo cual está contra las reglas de nuestra clase.

17. _____ at times is aggressive and physical with his (her) peers and is bothersome to others when completing his (her) work.
_____ a veces es agresivo(a) y usa fuerza física con sus compañeros y molesta a otros mientras completa su trabajo.

18. _____ has been a little talkative lately. I have changed his (her) seat but he (she) still needs to work on being quiet.
_____ ha placticado un poco últimamente. Lo (La) he cambiado de asiento pero aún necesita esforzarse por estar callado(a).

19. Talking almost incessantly is still _____'s chief problem.
El hablar incesantemente es todavía el problema principal de _____.

20. He (She) needs constant supervision in order to finish what he (she) has to accomplish.
Necesita supervisión constante para terminar lo que tiene que realizar.

21. His (Her) independent work is usually done correctly but is often not completed because he (she) spends so much time talking to others.
Generalmente, hace su trabajo independiente correctamente pero no siempre lo completa ya que pasa tanto tiempo hablando con otros.

22. _____ really does need to remember not to talk so much in class.
_____ de veras necesita acordarse de no hablar tanto en la clase.

23. We will continue to work on respecting others' rights and staying on task.
Continuaremos aprendiendo a respetar los derechos de otros y a enfocarnos en el trabajo.

24. He (She) still has to learn that we study in school and play only at specific times.
Todavía necesita aprender que en la escuela se estudia y se juega sólo en momentos específicos.

25. _____ does little work in school unless he (she) has my undivided attention.
_____ trabaja poco en la escuela a no ser que tenga mi atención completa.

_____

_____

_____

_____

_____

_____

_____

_____

_____

_____

_____

_____

_____

_____

_____

Hurrying and Carelessness

Apuro y Descuido

1. He (She) tends to rush through things, so some assignments are not as well done as they could be.
Tiende a apurarse al hacer las cosas, por consiguiente algunas asignaciones no están tan bien hechas como deberían estar.

2. He (She) must remember to slow down when doing his (her) assignments. Many of his (her) errors are because he (she) is rushing through his (her) work.
Debe acordarse de hacer las tareas más despacio. Muchos de sus errores se hacen porque se apura mucho en su trabajo.

3. At times, _____ does his (her) tasks rather hurriedly and does not complete them with as much care as he (she) should.
A veces _____ hace sus tareas muy apresuradamente y no las completa con el cuidado que debería.

4. He (She) has been hurrying through some of the written work and has become careless.
Se ha apurado mucho durante algunos de los trabajos escritos y se ha puesto descuidado(a).

5. When he (she) hurries, his (her) work is often unreadable.
Cuando se apura, su trabajo frecuentemente es ilegible.

6. Most of _____'s mistakes are due to carelessness.
La mayor parte de los errores de _____ se hacen debido a su descuido.

7. He (She) is always racing through his (her) assignments. Consequently he (she) makes careless mistakes.
Se apura mucho al hacer sus asignaciones. Por consiguiente, hace muchos errores.

8. He (She) needs much supervision now in order to work well. Otherwise he (she) rushes through his (her) work and then wanders around the room or talks to his (her) neighbor. As a result he (she) is not doing his (her) work as well as he (she) could.

Necesita mucha supervisión ahora para poder trabajar bien. Si no, se apura mucho en su trabajo y después anda por la clase o habla con sus vecinos. Por consiguiente, no está haciendo su trabajo tan bien como debería.

_____

_____

_____

_____

_____

_____

_____

_____

_____

_____

_____

_____

_____

_____

_____

_____

Not Listening

No Escuchando (No Prestando Atención)

1. He (She) doesn't listen.
   No presta atención.

2. I would like to see him (her) become a better listener and participate more in our group activities.
   Me gustaría verlo(a) prestar más atención y participar más en las actividades de nuestro grupo.

3. He (She) needs to pay better attention in class.
   Necesita prestar más atención en clase.

4. He (She) often has to be reminded to be a good listener.
   Hay que recordarle frecuentemente que debe prestar atención.

5. He (She) could improve his (her) skills by listening more carefully and keeping his (her) mind on his (her) work.
   Se mejorarían sus habilidades si prestara más atención y se concentrara en su trabajo.

6. He (She) is a very social boy (girl) and at times that keeps him (her) from listening carefully in class.
   Es un(a) niño(a) muy sociable y a veces esto impide que preste atención en la clase.

7. He (She) is inclined to daydream, which makes it necessary for me to repeat directions.
   Sueña despierto(a), lo que hace necesario que yo tenga que repetir las instrucciones.

8. He (She) doesn't listen to directions, and then has to ask what to do.
   No escucha las instrucciones y entonces tiene que preguntar qué hacer.

8. I am concerned about a change in attitude I have seen lately
with _____. He (She) has been more easily distracted,
has not been paying attention in class, and does not always follow
classroom rules.
**Estoy preocupado(a) por el cambio de actitud que he notado últimamente
en _____. Se distrae más fácilmente, no presta atención en la
clase, y no siempre sigue las reglas de la clase.**

Working Up to Potential

Trabajando a Su Capacidad

1. He (She) is not working up to his (her) abilities.
No está trabajando a su capacidad (habilidad).

2. He (She) is very capable but doesn't get work done.
Es muy capaz pero no termina su trabajo.

3. He (She) is capable of doing his (her) school work when he (she)
sets his (her) mind to it.
Puede terminar su trabajo de la escuela cuando decide hacerlo.

4. He (She) is a very capable child but he (she) still needs much
encouragement to apply himself (herself).
**Es un(a) muchacho(a) muy capaz pero aún necesita que se lo (la)
estimule mucho para esforzarse.**

5. When he (she) applies himself (herself), he (she) is capable of
learning more and receiving better grades.
**Cuando se esfuerza, es capaz de aprender más y recibir mejores
calificaciones.**

6. _____ puts forth little effort and does just enough to get by.
_____ **se esfuerza muy poco y solo hace lo necesario para
terminar.**

38

7. _____ is progressing slowly in all his (her) subjects but I still feel strongly that he (she) is not working to his (her) potential.

   _____ está progresando lentamente en todas las materias pero todavía yo estoy seguro(a) que no está trabajando a su capacidad.

8. He (She) will have difficulty next year if he (she) does not begin working up to potential.

   Tendrá dificultad el año próximo si no se esfuerza por realizar su capacidad.

9. _____ needs to improve his (her) study habits to get good grades in _____ grade.

   _____ necesita mejorar sus hábitos de estudio para poder recibir buenas calificaciones en el _____ grado.

_____

_____

_____

_____

_____

_____

_____

_____

_____

_____

_____

_____

Effort

Esfuerzo

1. He (She) needs to try harder in his (her) work.
   Necesita esforzarse más en su trabajo.

2. He (She) is usually a good worker but he (she) sometimes tries to avoid tasks that take a little more effort.
   Generalmente trabaja bien pero a veces trata de evitar trabajos que requieren un poco más de esfuerzo.

3. His (Her) effort seems to have declined a bit in some areas.
   Parece que su esfuerzo ha disminuido en algunas áreas.

4. He (She) has shown improvement in his (her) work habits but still needs to work on this area.
   Ha demostrado progreso en sus hábitos de estudio pero aún necesita trabajar en este área.

5. I know _____ could be doing much better if he (she) tried.
   Sé que _____ podría estar saliendo mucho mejor si se esforzara.

6. As we have discussed, _____ has not been putting forth any effort in the academic areas this semester.
   Como hemos dicho, _____ no ha hecho ningún esfuerzo en las materias académicas este semestre.

_____

_____

_____

_____

_____

ACADEMIC PERFORMANCE

ACADEMIC PROGRESS

Progreso Académico

Positive - (Positiva)

General Comments - (Comentarios Generales)

1. He (She) participates with interest in _____.
   Participa con interés en _____.

2. His (Her) best work is in_____.
   Su mejor trabajo es en _____.

3. He (She) is learning.
   Está aprendiendo.

4. He (She) has many interests.
   Tiene muchos intereses.

5. He (She) expresses himself (herself) well in_____.
   Se expresa bien en _____.

6. Your child is at grade level in all subjects.
   Su niño(a) está al nivel del grado en todas las materias.

7. _____ is an above average student.
   _____ es un(a) estudiante mejor del promedio.

8. He (She) has passed all the required skills this quarter.
   Ha cumplido todas las habilidades requeridas en este cuarto del año.

9. He (She) is a good, logical thinker and problem solver.
   Piensa lógicamente y bien y resuelve problemas.

10. _____ continues to show a good understanding of the basic skills.
_____ sigue demostrando buena comprensión de las habilidades básicas.

11. _____ continues to improve his (her) skills. I am pleased that he (she) can count to _____. He (She) is able to write to _____, but does reverse _____ and _____.
_____ continúa mejorando sus habilidades. Me complace que puede contar hasta _____. Puede escribir hasta _____, pero invierte _____ y _____.

12. He (She) has good control of his (her) fine motor skills.
Tiene buen control de sus habilidades motoras finas.

13. _____'s small muscle skills are much improved.
Las habilidades de los músculos pequeños (inferiores) de _____ se han mejorado mucho.

14. _____ has excellent basic skills and I am certain he (she) will do well in _____ grade.
_____ tiene habilidades básicas excelentes y yo estoy seguro(a) que saldrá muy bien en el _____ grado.

15. He (She) has passed almost all of the minimum requirements he (she) has been tested on.
Ha cumplido con casi todos los requisitos mínimos en los cuales ha sido examinado(a).

16. _____ is having a wonderful year in _____ grado.
_____ pasa un año maravilloso en el _____ grado.

17. _____ continues to show a good understanding of academic skills.
_____ sigue demostrando buena comprensión de las habilidades académicas.

18. _____'s work seems to indicate that he (she) is taking more time and care.
El trabajo de _____ parece indicar que está haciéndolo más despacio y con más cuidado.

19. His (Her) interest level is high in all areas of school work.
    Su nivel de interés es alto en todas las áreas de trabajo escolar.

20. He (She) is making steady progress.
    Está haciendo progreso continuo.

21. He (She) is a very knowledgeable boy (girl) and contributes a lot
    to the class.
    Es un(a) niño(a) muy instruído(a) y contribuye mucho a la clase.

22. _____ seems to be grasping the concepts being taught and I feel he
    (she) will be very successful in school.
    **_____ parece comprender los conceptos enseñados y yo creo que tendrá
    mucho éxito en la escuela.**

23. _____ has mastered all areas and is more than ready for _____ grade.
    **_____ ha dominado todas las areas académicas y está más que listo(a)
    para el _____ grado.**

24. _____ is an excellent student and shows a lot of promise.
    **_____ es un(a) estudiante excelente y es un(a) niño(a) de
    esperanzas.**

25. Good quality work and top-notch test scores made the difference.
    **Los trabajos de calidad y las calficaciones buenas han hecho la
    diferencia.**

26. He (She) is at grade level or above in all areas of learning.
    Está al nivel del grado o sobresale en todas las áreas de aprendizaje.

27. He (She) has an excellent memory for even the smallest details.
    Tiene una memoria excelente hasta de los detalles más pequeños.

28. He (She) is working currently at a level approaching his (her)
    true potential.
    **Ahora está trabajando a un nivel más aproximado a su veradera
    capacidad.**

29. _____ has continued to work above grade level even as the work has intensified.

_____ ha continuado haciendo el trabajo en una manera mejor del promedio aún cuando el nivel académico se intensificaba.

30. He (She) brings many interesting items to share with us.

Trae muchos objetos interesantes que compartir con nosotros.

31. He (She) is highly creative and skilled in using divergent thinking.

Es muy creativo(a) y hábil al pensar de varias maneras.

32. _____ is an outstanding student with great potential.

_____ es un(a) estudiante sobresaliente que promete mucho.

33. He (She) sometimes feels a bit nervous when learning new concepts but always picks them up.

A veces se siente un poco nervioso(a) cuando está aprendiendo conceptos nuevos pero siempre los entiende.

34. _____ takes a keen interest in all his (her) work and has shown growth in all areas.

_____ tiene mucho interés en todo su trabajo y ha demostrado progreso en todas las áreas.

35. _____ is progressing at grade level in all areas.

_____ está progresando al nivel de su grado en todas las áreas.

_____

_____

_____

_____

_____

Reading

Lectura

1. He (She) has excellent beginning reading skills.
   Tiene habilidades excelentes para comenzar a leer.

2. _____ has made good progress in learning the capitals; he (she) still needs to learn _____, _____, and _____. There are many lower case letters he (she) needs to master this next quarter. They are _____, _____, and _____.
   _____ ha progresado mucho aprendiendo las mayúsculas, aún necesita aprender _____, _____, y _____. Hay muchas letras minúsculas que necesita dominar para el próximo cuarto del año. Son _____, _____, and _____.

3. _____ knows the short (long) vowel sounds.
   Sabe los sonidos cortos (largos) de las vocales.

4. It really shows when _____ practices his (her) reading at home.
   Realmente se nota cuando _____ ha practicado leer en casa.

5. _____ is conscientious about reading activities. He (She) has demonstrated a good knowledge of consonant sounds this quarter.
   _____ es concienzudo(a) en las actividades de lectura. Ha demostrado en este cuarto del año que sabe bien el sonido de las consonantes.

6. _____ has worked hard in letter recognition this trimester.
   _____ se ha esforzado mucho por reconocer las letras este trimestre.

7. He (She) is reading at (above) grade level.
   Está leyendo al nivel (más avanzado que el nivel) del grado.

8. Progress in reading has been slow but steady.
   El progreso en lectura ha sido lento pero constante.

9. He (She) reads fluently with very good comprehension.
Lee con fluidez con muy buena comprensión.

10. He (She) is now working in an independent reading program.
Ahora está trabajando en un programa de lectura independiente.

11. His (Her) comprehension has improved.
Se ha mejorado su comprensión.

12. His (Her) oral reading progress has been good.
Su progreso de lectura oral ha sido bueno.

13. _____ has made steady growth in reading this period.
_____ ha hecho un progreso constante en lectura en este período.

14. I am seeing considerable growth in his (her) reading.
Veo progreso considerable en lectura.

15. _____ has learned all the vowel and consonant sounds very well.
_____ ha aprendido muy bien todos los sonidos de las vocales y consonantes.

16. _____'s greatest area of improvement has been in reading.
El progreso más grande de _____ ha sido en lectura.

17. He (She) did a beautiful job in reading this semester.
Ha hecho muy buen trabajo en lectura este semestre.

18. He (She) is reading well and enjoying our literature program.
Está leyendo bien y le gusta el programa de literatura.

19. His (Her) reading skills are far above grade level.
Sus habilidades de lectura están mucho mejores del nivel de su grado.

20. _____ is an enthusiastic reader and is very motivated to read.
   _____ lee con mucho entusiasmo y tiene mucha motivación de hacerlo.

21. He (She) enjoys the status of being a super reader.
   Disfruta mucho de su reputación de lector(a) sobresaliente.

22. _____ is conscientious about reading activities.
   _____ es concienzudo(a) en actividades de lectura.

23. _____ has read many literature selections this trimester.
   _____ ha leído muchas selecciones literarias en este trimestre.

24. He (She) enjoys reading and has done many extra credit assignments.
   Le gusta leer y ha hecho muchas asignaciones para crédito adicional.

25. He (She) does well in reading and learns the new vocabulary quickly.
   Lee muy bien y aprende palabras nuevas de vocabulario muy rápidamente.

_____

_____

_____

_____

_____

_____

_____

Language

Lenguaje

1. He (She) is a very active leader in discussions and I enjoy his (her) participation.
   Es un(a) líder muy activo durante las discuciones y a mí me gusta su participación.

2. He (She) puts a lot of excellent thoughts into his (her) stories.
   Tiene ideas excelentes que incluye en sus cuentos.

3. He (She) is beginning to write very interesting stories. He (She) will be writing a great deal from now until the end of the year.
   Está empezando a escribir cuentos muy interesantes. Escribirá mucho desde ahora hasta el final del año.

4. _____ is very imaginative and can write excellent stories.
   _____ tiene mucha imaginación y puede escribir cuentos excelentes.

5. He (She) is able to use the dictionary (the encyclopedia).
   Sabe usar el diccionario (el enciclopedia).

6. _____ is able to put his thoughts into writing.
   _____ sabe expresar sus ideas por escrito.

7. His (Her) short stories have many good thoughts.
   Sus cuentos cortos tienen muchas buenas ideas.

8. Keeping a diary or writing letters might be fun for _____.
   Podría ser muy divertido para _____ escribir un diario o cartas.

9. _____ is a fluent and creative writer.
   _____ es un(a) escritor(a) facundo(a) y creativo(a) y que se expresa bien.

50

10. His (Her) stories and daily journal entries are a joy to read.
   Sus cuentos y lo que escribe en su diario son un placer de leer.

11. _____ has talent in creative writing.
   _____ tiene talento en la escritura creativa.

12. He (She) is learning the rules of English that we have been working on.
   Está aprendiendo las reglas de inglés en las que estábamos trabajando.

13. He (She) enjoys participating in group discussions.
   Le gusta participar en discusiones en grupo.

14. The spacing on his (her) letters has been corrected.
   Su forma de espaciar las letras ha sido corregida.

15. He (She) is working hard to master cursive writing.
   Está esforzándose por dominar la letra manuscrita.

16. His (Her) handwriting is excellent.
   Su letra (escritura) es excelente.

_____

_____

_____

_____

_____

_____

_____

_____

Mathematics

Matemáticas

1. I am pleased with _____'s progress in numeral activities. He (She) can now count by ones, fives, and tens to 100. Also, _____ can recognize numerals to 100.
   Estoy contento(a) con el progreso de _____ en las actividades usando números. Ahora ya puede contar de uno en uno, de cinco en cinco y de diez en diez hasta el 100. También, puede reconocer los números hasta el 100.

2. He (She) has passed almost all of the minimum mathematics requirements he (she) has been tested on.
   Ha pasado casi todos los requisitos mínimos de matemáticas en que ha sido examinado(a).

3. He (She) has a good understanding of math concepts; memorizing the math facts will give him (her) speed.
   Entiende bien los conceptos de matemáticas; saber las tablas de matemáticas de memoria le hará usarlos más rápidamente.

4. He (She) remembers what he (she) knows about principles of math and applies them.
   Se acuerda de lo que sabe acerca de conceptos de matemáticas y los usa.

5. _____ is building a solid foundation of math skills.
   _____ está formando una base sólida de habilidades de matemáticas.

6. He (She) knows how to tell time to the half hour.
   Sabe decir la hora hasta la media hora.

7. _____ has readily mastered the concepts of regrouping and multiplication this semester.
   _____ ha dominado los conceptos de reagrupación y multiplicación este semestre.

8. He (She) is working in an advanced math program.
   Está trabajando en un programa de matemáticas avanzado.

Other Comments

Otros Comentarios

1. _____ has shown growth in so many areas this quarter.
   _____ ha demostrado progreso en tantas áreas en este cuarto del año.

2. He (She) has great artistic talent.
   Tiene mucho talento artístico.

3. I'm pleased with his (her) progress in all subject areas.
   Estoy muy contento(a) con su progreso en todas las áreas académicas.

4. I wish more of my students would show such a strong interest in social studies as _____.
   Me gustaría que más de mis alumnos demostraran tanto interés en los estudios sociales como _____.

5. He (She) seemed to enjoy science and group activities this quarter.
   Aparentaba disfrutar de las ciencias y las actividades del grupo en este cuarto del año.

6. His (Her) art work is beautiful.
   Su trabajo artístico es muy lindo.

7. _____ has maintained a fine balance between his (her) efforts in the classroom and those on the athletic field.
   _____ ha mantenido un buen balance entre sus esfuerzos en la clase y aquellos en el campo atlético.

8. He (She) seems to have a keen interest in computers.
   Parece tener un interés profundo en las computadoras.

9. He (She) demonstrated a flair for acting during our class play and seemed to enjoy the experience.
Ha demostrado talento para actuar durante la presentación de nuestra clase y pareció disfrutar de la experiencia.

10. He (She) has an incredible ability to memorize things.
Tiene una habilidad increíble para aprender de memoria.

11. He (She) has a great enthusiasm for sports and enjoys sharing these experiences with the class.
Tiene mucho entusiasmo por los deportes y disfruta de compartir estas experiencias con la clase.

12. _____ brings so many interesting things to show the class. He (She) talks very well before the group.
_____ trae tantas cosas interesantes para mostrar a la clase. Habla muy bien delante del grupo.

13. _____ has shown an increased interest in the study of maps and current events.
_____ ha demostrado más interés en el estudio de mapas y eventos actuales.

14. He (She) has a good background of information which he (she) remembers at appropriate times.
Tiene un buen fondo de información que usa en momentos apropiados.

15. _____ has done a good job assisting other students in using our classroom computers.
_____ ha ayudado mucho a otros estudiantes con el uso de las computadoras de la clase.

_____

_____

_____

_____

ACADEMIC PROGRESS

Progreso Académico

Problem Areas - Áreas de Preocupación

General - (General)

1. He's (She's) behind in his (her) work.
   Está atrasado(a) en su tarea.

2. He (She) doesn't work up to his (her) ability.
   No trabaja a su capacidad.

3. He (She) needs to improve, especially in _____ .
   Necesita mejorar, especialmente en _____ .

4. He (She) needs help in expressing himself (herself).
   Necesita ayuda para expresarse.

5. He (She) is not interested in his (her) work.
   No tiene interés en su trabajo.

6. He (She) seems interested in our areas of study yet there is
   little oral participation.
   **Parece estar interesado(a) en los temas que estudiamos pero
   participa poco oralmente.**

7. Some parts of the district test were rather confusing to the children
   and to _____ especially.
   **Partes del examen del distrito confundieron algo a los niños y
   especialmente a _____ .**

8. He (She) does show some uncertainty when working independently.
   Parece un poco incierto cuando trabaja independientemente.

9. I think _____ was a bit overwhelmed by the demands of _____ grade.
   Pienso que las demandas del _____ grado fueron un poco abrumadoras para _____ .

10. His (Her) progress is slow, which makes it very difficult for him (her) to keep up with the rest of the class. We need to give him (her) all the help and encouragement we can.
    Su progreso es lento, lo cual hace muy difícil que se mantenga al nivel de la clase. Necesitamos darle toda la ayuda y el estímulo que podemos.

11. He (She) is slow in understanding new work but is making progress.
    Tarda en entender el trabajo nuevo pero está progresando.

_____

_____

_____

_____

_____

_____

_____

_____

_____

_____

_____

Reading

Lectura

1. He (She) doesn't know the alphabet.
   No sabe el abecedario (alfabeto).

2. He (She) doesn't know the sounds of the letters.
   No sabe los sonidos de las letras.

3. _____ needs to learn the letters of the alphabet (capital and lower case).
   _____ necesita aprender las letras del alfabeto (las mayúsculas y las minúsculas).

4. I am concerned that _____ hasn't mastered the recognition of the letters of the alphabet.
   Me preocupa que _____ no haya aprendido a reconocer las letras del alfabeto.

5. _____ needs to learn to recognize the ABC's. He (She) can recite them but cannot recognize each letter.
   _____ necesita aprender a reconocer el abecedario. Puede decirlas pero no reconoce cada letra.

6. _____ should be doing more independent reading.
   _____ debe hacer más lectura independiente.

7. We constantly work on his (her) comprehension in completing the reading worksheets.
   Constantemente trabajamos para mejorar su comprensión al completar las hojas de trabajo de lectura.

8. When he (she) reads aloud for practice, he (she) needs to work for smooth flowing fluency.
   Cuando lee en voz alta para practicar, necesita esforzarse por leer con más fluidez y uniformidad.

57

9. He (She) will have to work very hard to be where he (she) should be in reading by the end of the year.
Necesitará trabajar mucho para llegar al nivel donde debe estar en lectura al final del año.

10. _____ has made good progress this year, however he (she) is reading below grade level.
_____ ha progresado mucho este año, sin embargo está leyendo peor que el nivel de su grado.

11. He (She) should read more library books.
Debería leer más libros de la biblioteca.

12. Please work with him (her) when you can on his (her) vocabulary and the story we are reading in class.
Por favor trabaje con él (ella) en su vocabulario y en el cuento que estamos leyendo en la clase.

13. _____ is not sure of all the consonant (vowel) sounds.
_____ no está seguro(a) de los sonidos de todas las consonantes (vocales).

14. He (She) has a good reading vocabulary, but he (she) rarely understands what he (she) has read.
Tiene un buen vocabulario de lectura, pero rara vez entiende lo que ha leído.

15. It is difficult for him (her) to recognize some of the beginning (ending) sounds.
Le es difícil reconocer algunos sonidos primeros (finales).

16. _____ needs to do more independent reading in his (her) areas of interest in order to improve his (her) reading skills.
Necesita hacer más lectura independiente en su área de interés para mejor sus habilidades de leer.

17. He (She) is reading with difficulty.
Lee con dificultad.

18. _____ is not comfortable reading aloud. It would be good if we could provide as many chances as possible to read in front of others.
    _____ no se siente cómodo(a) leyendo en voz alta. Sería bueno si le pudiéramos dar el mayor número de oportunidades posibles para leer delante de los otros.

19. Practicing oral reading at home/school will help _____'s confidence in his (her) reading ability.
    El practicar la lectura en voz alta en la casa/escuela ayudará a que _____ se sienta más seguro(a) de su habilidad de leer.

20. _____ is currently reading below _____ grade level.
    Actualmente, _____ está leyendo bajo que el nivel del _____ grado.

21. I would like to see him (her) do more reading for fun next quarter and turn in some book reports.
    Me gustaría verlo(a) leer más por placer en el próximo cuarto del año y entregarme algunos reportes de libros.

_____

_____

_____

_____

_____

_____

_____

_____

_____

_____

_____

Language - Oral and Written

Lenguaje - Hablado y Escrito

1. In written language he (she) should be using capitals and punctuation correctly.
   En el área de lenguaje escrito debería estar utilizando las mayúsculas y puntuación correctamente.

2. I would like to see him (her) put more thought into answering questions about our stories that lend themselves to creative answers with details.
   Me gustaría que pensara más antes de contestar las preguntas acerca de nuestros cuentos que se prestan a respuestas creativas y con detalles.

3. He (She) doesn't always remember the written language rules we are working on.
   No siempre recuerda las reglas del lenguaje escrito que estamos practicando.

4. _____'s difficulty with writing seems to be largely a problem of muscular coordination. He (She) will have to make a constant effort to improve, and improvement may come slowly.
   La dificultad de _____ con la escritura parece ser más que nada un problema de coordinación muscular. Tendrá que esforzarse constantemente para mejorar, y el progreso puede ser lento.

5. He (She) needs to participate in discussions.
   Necesita participar en discusiones.

6. He (She) needs to slow down and complete his (her) handwriting with greater care.
   Necesita trabajar más despacio y completar su escritura con más cuidado.

7. The skill that _____ needs to constantly practice is handwriting.
   La habilidad que _____ necesita practicar constantemente es la escritura.

8. He (She) needs to practice handwriting and try harder to do his (her) neatest work.
Necesita practicar la escritura y esforzarse por hacer su trabajo bien.

9. There are still some reversals in his (her) writing and he (she) needs to use the lines.
Todavía invierte letras cuando escribe y necesita usar las líneas.

10. He (She) needs to work on writing his (her) name with the proper upper case and lower case letters.
Necesita practicar el escribir su nombre con las letras mayúsculas y minúsculas apropiadas.

_____

_____

_____

_____

_____

_____

_____

_____

_____

_____

_____

_____

Mathematics

Matemáticas

1. He (She) should practice counting by ones to one hundred and practice writing the numbers 0-10 without reversals.
   Debe practicar contando de uno en uno hasta cien y practicar escribiendo los números 0-10 sin invertir el orden.

2. _____ needs to concentrate on learning numeral recognition beyond 10, counting by ones to 100, and writing the numerals 0-10 without reversals.
   _____ necesita concentrarse en aprender a reconocer los números encima del 10, contar de uno en uno hasta el 100, y en escribir los números de 0-10 sin invertirlos.

3. Please work with him (her) on telling time to the hour and to the half hour.
   Por favor trabaje con él (ella) para que aprenda a decir la hora y la media hora.

4. He (She) needs to memorize all his (her) addition and subtraction facts.
   Necesita aprendar de memoria todas las reglas de sumar y restar.

5. He (She) should continue to memorize the basic multiplication facts.
   Debe continuar aprendiendo de memoria los factores básicos de multiplicación.

6. I would like to see _____ concentrate on numeral writing this next quarter, correcting some numeral reversals he (she) has.
   Yo quisiera que _____ se concentrara en la escritura de los números el próximo cuarto del año, para corregir la inversión de orden.

7. He (She) writes some of his (her) numbers backwards.
   Escribe algunos números al revés.

8. He (She) hasn't learned the numbers from one to ten.
   No ha aprendido los números del uno al diez.

9. _____ must begin to improve in the basic math skills or he (she) will not be prepared for _____ grade.

_____ **debe mejorarse las habilidades básicas de matemáticas o no estará preparado(a) para el ____ grado.**

10. He (She) needs to work more carefully when doing his (her) math problems so that the answers are accurate.

Necesita trabajar con más cuidado cuando está haciendo sus problemas de matemáticas para que las respuestas sean correctas.

11. _____ is having problems with fractions and decimals.

_____ **tiene dificultad con fracciones y decimales.**

12. In math _____ is making careless errors. I feel he (she) can get all these problems done correctly.

En matemáticas _____ hace errores por descuido. Yo creo que él (ella) puede hacer todos estos problemas correctamente.

13. _____ has not passed the minimum requirements for mathematics.

_____ **no ha salido bien en los requisitos mínimos de matemáticas.**

14. _____ does not have a good understanding of math concepts.

_____ **no comprende bien los conceptos de matemáticas.**

15. _____ has not mastered the concept of regrouping (multiplication, division) this semester.

_____ **no ha dominado el concepto de agrupar (multiplicar, dividir) este semestre.**

_____

_____

_____

_____

Other Comments

Otros Comentarios

1. He (She) needs to put more effort into science, health, and social studies projects.
   Necesita esforzarse más en los trabajos de ciencias, salud, y estudios sociales.

2. I am disappointed that there has been very little improvement in his (her) attitude or skills related to physical activities.
   Estoy decepcionado(a) porque ha habido muy poco progreso en su actitud o habilidades relacionadas a actividades físicas.

3. Better preparation for science tests will serve him (her) well in the next quarter.
   Si está más preparado(a) para los exámenes de ciencias saldrá mucho mejor en el próximo cuarto del año.

_____

_____

_____

_____

_____

_____

_____

_____

_____

CITIZENSHIP

CITIZENSHIP

Compañerismo

Positive - (Positivo)

General Comments - (Comentarios Generales)

1. You should be proud of him (her).
   Usted (Ustedes) debe (deben) estar orgulloso(s) de él (ella).

2. He's (She's) very courteous.
   Es muy cortés.

3. He (She) loves to please, and I appreciate how helpful he (she) is around the classroom.
   Le gusta complacer a otros y yo aprecio cuánto me ayuda en la clase.

4. He (She) is polite and helpful in class.
   Es muy cortés y ayuda en la clase.

5. He (She) is a nice polite student and one of our better citizens.
   Es un(a) estudiante muy simpático(a) y cortés y uno(a) de nuestros(as) mejores compañeros(as).

6. _____ is trying hard to practice good citizenship habits.
   _____ **se está esforzando por practicar buenos hábitos de compañerismo.**

7. You can always depend on _____ to set a good example in citizenship.
   Siempre se puede depender de que _____ sea un buen ejemplo en compañerismo.

8. He (She) sets high standards for himself (herself) and knows how to arrive at them.
Se pone metas altas a sí mismo(a) y sabe cómo alcanzarlas.

9. He (She) is a happy, conscientious, dependable student.
Es un(a) estudiante feliz, concienzudo(a) y digno(a) de confianza.

Responsibility

Responsabilidad

1. His (Her) fine attitude and spirit of cooperation are reflected in the great growth he (she) is showing.
Su buena actitud y espíritu de cooperación están reflejados en el gran progreso que está demostrando.

2. _____ is a good citizen and is always willing to help with any classroom project.
_____ es un(a) buen(a) compañero(a) y siempre está dispuesto(a) a ayudar con cualquier proyecto de la clase.

3. He (She) is a conscientious, dependable boy (girl).
Es un(a) niño(a) muy concienzudo(a), y se puede contar con él (ella).

4. He (She) is becoming more aware of his (her) responsibilities and that's a start!
¡Está más conciente de sus responsabilidades y por ahí se empieza!

5. He (She) has a good sense of responsibility.
Tiene un buen sentido de responsabilidad.

6. _____ is taking school and his (her) work more seriously.
_____ **está tomando la escuela y su trabajo más en serio.**

7. He (She) sets high expectations for himself (herself) and takes pride in his (her) accomplishments.
Se exige mucho y se enorgullece de su éxito.

8. _____ has worked very hard at being concerned only with his (her) own affairs.
_____ **se ha esforzado mucho por preocuparse sólo de sus asuntos.**

9. _____ has made much improvement in the area of self - control.
_____ **se ha mejorado mucho en el área de dominio de sí mismo(a).**

10. He (She) keeps me on my toes. He (She) reminds me of what must be done.
Me mantiene alerto(a). Él (Ella) me recuerda lo que se debe hacer.

11. He (She) is very conscientious about his (her) work and always makes sure he (she) catches up with anything he (she) may have missed.
Es muy concienzudo(a) respecto a su trabajo y siempre se asegura de ponerse al corriente de todo lo que haya perdido.

12. In his (her) quiet way, _____ is one of my best classroom helpers.
En su manera tranquila, _____ es uno(a) de mis mejores ayudantes de la clase.

13. _____ has shown he (she) is a top student who takes his (her) responsibilities seriously.
_____ **ha demostrado ser un(a) estudiante superior que toma sus responsabilidades en serio.**

14. I've seen _____ come to take responsibility for his (her) own learning this quarter.
Le (La) he visto asumir responsabilidad por su propio aprendizaje este cuarto del año.

15. _____ is becoming one of our most dependable boys (girls) in assuming responsibility for his (her) behavior in class and on the playground.

    _____ **se hace uno(a) de nuestros(as) niños(as) más dignos de confianza, asumiendo la responsabilidad de su comportamiento en la clase y en el patio de recreo.**

16. _____ is becoming better able to accept responsibility for his (her) behavior. He (She) is beginning to respect the rights and property of others.

    _____ **se hace más capaz de aceptar la responsabilidad de su comportamiento. Está empezando a respetar los derechos y la propiedad de otros.**

17. _____ can be depended upon to fulfill his (her) duties without a reminder.

    Uno puede contar con que _____ cumpla con sus responsabilidades sin que se le recuerde.

18. He (She) has a good attitude toward his (her) schoolwork and assumes responsibility well.

    Tiene buena actitud hacia su trabajo de la escuela y asume bien las responsabilidades.

19. _____ has raised nearly every grade this trimester by being more responsible in his (her) work habits.

    Ha mejorado casi todas las calificaciones en este trimestre por ser más responsable en sus hábitos de estudio.

20. _____ is working hard on his (her) behavior in school.

    _____ **está esforzándose mucho por comportarse mejor en la escuela.**

21. He (She) is a good citizen.

    Es buen(a) compañero(a).

_____

_____

Discipline

Disciplina

1. His (Her) overall behavior is much better.
   Su comportamiento en general es mucho mejor.

2. I hope that the improvement in his (her) behavior will continue.
   Espero que el progreso en su comportamiento continúe.

3. He (She) obeys the school rules.
   Obedece las reglas de la escuela.

4. His (Her) behavior is always good.
   Su comportamiento siempre es bueno.

5. He (She) responds well to correction.
   Responde bien cuando se le corrige.

6. He's (She's) trying very hard and is doing a very good job of following our rules.
   Se está esforzando mucho y está siguiendo nuestras reglas muy bien.

7. _____ sets an excellent example of good behavior in class at all times.
   _____ es un ejemplo excelente de buena conducta en la clase todo el tiempo.

8. _____ is a well behaved little boy (girl).
   _____ es un(a) niño(a) bien educada.

9. Your follow up at home regarding following our class rules has had a great effect.
   El respaldo de usted (ustedes) en la casa respecto a seguir las reglas de la clase ha dado gran resultado.

10. _____'s behavior is much improved since last quarter.
El comportamiento de _____ ha mejorado mucho desde el pasado cuarto del año.

11. _____ is a teacher's delight. His (Her) behavior is excellent.
_____ es el deleite del (de la) maestro(a). Su comportamiento es excelente.

_____

_____

_____

_____

_____

_____

_____

_____

_____

_____

_____

_____

_____

_____

_____

_____

_____

CITIZENSHIP

Compañerismo

Problem Areas - Áreas de Problemas

General Comments - Comentos Generales

1. He (She) talks too much in class.
   Habla demasiado en clase.

2. He's (She's) very noisy.
   Hace mucho ruido.

3. _____ has a lot of energy and needs to learn how to channel it into his (her) studies.
   _____ tiene mucha energía y necesita aprender a utilizarla en sus estudios.

4. He (She) tends to be quite impatient and gets upset easily.
   Suele ser muy impaciente y se contraría fácilmente.

5. He (She) needs to be careful not to let others influence him (her) to be less than the best citizen that he's (she's) shown he (she) can be.
   Necesita tener cuidado de no dejar que otros influyan en que él (ella) sea menos del (de la) mejor compañero(a) que ha demostrado que puede ser.

_____

_____

_____

_____

_____

Discipline

Disciplina

1. _____ needs to work on his (her) behavior. He (She) has made some poor choices this trimester, selecting inappropriate ways to act.
_____ **necesita esforzarse por mejorar su comportamiento. Ha elegido incorrectamente durante este trimestre las formas apropiadas (correctas) de comportarse.**

2. He (She) often just speaks out during a discussion instead of raising his (her) hand first.
Frecuentemente habla durante una discusión sin haber levantado la mano antes.

3. _____ needs to improve his (her) behavior in class immediately.
_____ **necesita mejorar su comportamiento en la clase inmediatamente.**

4. He (She) is not willing to admit it when he (she) does something wrong.
No quiere reconocer cuando hace algo malo.

5. He (She) finds it very difficult to cooperate on the playground.
Le es muy difícil cooperar cuando está en el patio de recreo.

6. He (She) is a rough player on the playground.
Juega bruscamente en el patio de recreo.

7. He (She) needs to play less roughly.
Debe jugar menos bruscamente.

8. _____ understands rules but has chosen to break more than is acceptable this trimester.
_____ **entiende las reglas pero ha decidido romper más reglas que se permite durante este trimestre.**

9. He (She) does not seem to know when not to use bad language, and when not to be touching or poking at other people.
Parece no entender cuándo no debe usar malas palabras y no debe tocar o empujar a otros.

10. His (Her) language on the playground is sometimes very inappropriate, and this has carried over into the classroom at times.
Su vocabulario en el patio de recreo es a veces muy impropio, y de vez en cuando lo usa en la clase.

11. He (She) is not following directions and too many rules are being broken.
No sigue las instrucciones ni cumple con muchas reglas.

12. _____ needs to work on controlling his (her) behavior during quiet work times.
_____ necesita aprender a comportarse mejor durante momentos de trabajo en silencio.

13. _____'s aggressive behavior towards his (her) peers still needs to be improved.
_____ necesita ser menos agresivo hacia sus compañeros.

14. _____ at times is aggressive and physical with his (her) peers and is bothersome to others when completing his (her) work.
A veces _____ es agresivo(a) y físico(a) con sus compañeros y molesta a otros cuando está haciendo su trabajo.

15. His (Her) temper still occasionally gets in his (her) way in dealing with his (her) peers.
Su mal genio de vez en cuando causa problemas en sus relaciones con sus compañeros.

16. He (She) will have to do some maturing this summer if he (she) is to stay out of trouble with his (her) peers next year in the _____ grade.
Tendrá que madurar durante el verano si no quiere tener problemas con sus compañeros el próximo año en el _____ grado.

17. He (She) does enjoy visiting with neighbors during worktime which is against our class rules.
    Le gusta hablar con sus vecinos durante el tiempo de trabajo, que es contra las reglas de nuestra clase.

18. I do hope _____ will work on better behavior as this quarter he (she) has not tried his (her) best.
    Espero que _____ se esfuerce por mejorar su comportamiento ya que no lo ha hecho durante este cuarto del año.

19. He (She) often seeks the attention of his (her) classmates through some form of noise.
    Frecuentemente busca la atención de sus compañeros por hacer algún ruido.

20. He (She) has trouble keeping his (her) hands to himself (herself) and this creates frequent disturbances.
    Le es difícil no tocarles a otros y esto ocasiona disturbios.

21. He (She) has gotten into trouble for being noisy in the cafeteria, (classroom, bathroom). I am sure _____ realizes he (she) must follow our school rules for the good of everyone, but he (she) needs to be reminded quite often.
    Ha sido reprendido(a) por ser bullicioso(a) en la cafetería (clase, baño). Estoy seguro(a) que _____ se da cuenta que debe seguir las reglas de nuestra escuela para el beneficio de todos, pero necesita que se le recuerde frecuentemente.

22. He (She) pinches other children.
    Pellizca a otros niños.

23. He (She) needs to keep his (her) hands to himself (herself).
    Necesita no tocarles a otros.

24. He (She) sometimes refuses to do as he (she) is told.
    A veces rehusa hacer lo que se le dice.

25. _____'s attitude toward school rules needs to be improved considerably as does his (her) playground behavior.
La actitud de _____ hacia las reglas de la escuela debe mejorar considerablemente lo mismo que su comportamiento en el patio de recreo.

26. _____ also needs to learn to not have such a temper and to not be so aggressive with the other children. He (She) has great potential but must change his (her) ways.
_____ también necesita aprender a no tener tan mal genio y a no ser tan agresivo(a) con los otros niños. Promete mucho pero debe cambiar su manera de ser.

27. He (She) does require some reminders to use appropriate behavior in the classroom.
Necesita que se le recuerde que debe comportarse bien en la clase.

28. He (She) is young and likes to play and talk in class.
Es joven y le gusta jugar y hablar en la clase.

29. He (She) has been in trouble frequently in line and in playground activities.
Ha sido reprendido(a) frecuentemente en la cola y en actividades en el patio de recreo.

30. I am sure he (she) realizes he (she) must follow our school rules, but he (she) needs to be reminded quite often.
Estoy seguro(a) que se da cuenta que debe seguir las reglas de nuestra escuela pero necesita que se las recuerde frecuentemente.

31. I am concerned about a change in attitude I have seen lately with _____. He (She) has been more easily distracted, not paying attention in class, and not always following classroom rules.
Estoy preocupado(a) con el cambio de actitud que he notado últimamente en _____. Se distrae más fácilmente, no presta atención en la clase, y no siempre sigue las reglas de la clase.

32. _____ continues to need to work on his (her) attitude and temper.
_____ necesita esforzarse por cambiar su actitud y dominar su mal genio.

33. We will continue to work on respecting others' rights and staying on task.
Continuaremos esforzándonos por respetar los derechos de otros y enfocarnos en la tarea.

34. _____ has a hard time obeying the rules.
Le es difícil obedecer las reglas.

35. He (She) still needs to remember to keep his (her) hands to himself (herself) and to wait his (her) turn.
Todavía necesita acordarse de no tocarles a otros y esperar su turno.

36. I would like a conference with you immediately to discuss _____'s behavior in school. The school phone number is _____. Please call for an appointment.
Quisiera hablarle(s) de inmediato a usted (ustedes) acerca del comportamiento de _____ en la escuela. El número de teléfono de la escuela es _____. Por favor, llame usted para una cita.

37. He (She) still has to learn that we study in school and play only at specific times.
Aún necesita aprender que en la escuela estudiamos y jugamos sólo en momentos específicos.

38. Frequently he (she) is unfair in games and then pouts if he (she) is reprimanded.
Frecuentemente es injusto(a) durante los juegos y pone mala cara si se lo reprende.

39. He (She) has become defiant and increasingly difficult to handle.
Se ha vuelto desafiante y más difícil de controlar.

40. He (She) needs to improve his (her) attitude toward physical education and games. His (Her) attitude sometimes causes him (her) problems on the playground.
Necesita mejorar su actitud hacia la educación física y los juegos. Su actitud a veces le causa problemas en el patio de recreo.

41. He (She) is in trouble frequently with the other children, and this causes him (her) much unhappiness.
Frecuentemente tiene problemas con los otros niños, y esto le causa mucha tristeza.

42. _____ needs to remember not to talk so much in class.
_____ necesita hacer un esfuerzo para acordarse de no hablar tanto en la clase.

43. He (She) fights with other children.
Pelea con los otros niños.

44. He (She) uses physical means to get attention.
Usa maneras físicas para llamar la atención.

45. _____ is not doing his (her) schoolwork and seems not to care about doing the assignments.
_____ no está haciendo su trabajo de la escuela y parece no importarle hacer las tareas.

_____

_____

_____

_____

_____

_____

_____

_____

_____

_____

Responsibility

Responsabilidad

1. He (She) needs to develop personal responsibility for returning homework and library books.
   Necesita sentirse responsable por entregar las tareas y devolver los libros a la biblioteca.

2. He (She) has the potential to be an outstanding citizen and he (she) is very well liked but needs to take responsibility.
   Promete ser un(a) compañero(a) sobresaliente y es estimado(a) por todos pero necesita asumir responsabilidad.

3. We are still working on behavior, especially not telling on other children.
   Continuamos esforzándonos en el comportamiento, especialmente en no delatar a otros niños.

4. _____ could raise nearly every grade this trimester by being more responsible in his (her) work habits.
   _____ puede mejorar casi todas sus calificaciones este trimestre por ser más responsable en sus hábitos de estudio.

_____

_____

_____

_____

_____

_____

_____

_____

SOCIAL AND

EMOTIONAL DEVELOPMENT

SOCIAL AND EMOTIONAL DEVELOPMENT

Desarrollo Social y Emocional

Positive - Positivo

Self-Confidence - Confianza en Sí Mismo(a)

1. He (She) certainly has a lot of motivation.
   De veras, tiene mucha iniciativa propia.

2. I am very excited that his (her) self-confidence is so much higher than it was just a few short months ago.
   Estoy muy contento(a) que su confianza en sí mismo(a) se haya aumentado tanto más que hace unos pocos meses.

3. I really enjoy his (her) enthusiastic approach to life.
   Sinceramente disfruto de su entusiasmado enfoque a la vida.

4. He (She) has gained self-confidence and is eager to learn new things.
   Ha desarrollado confianza en sí mismo(a) y está listo(a) a aprender cosas nuevas.

5. What a happy, healthy boy (girl)!
   ¡Qué niño(a) tan feliz y saludable!

6. He (She) seems more confident than he (she) did at the beginning of the year.
   Se siente más seguro(a) de sí mismo que al principio del año.

7. He (She) is self-motivated and always enthusiastic about learning new things.
   Tiene iniciativa propia y siempre tiene entusiasmo para aprender cosas nuevas.

8. His (Her) confidence level is so much higher now!
   ¡Su nivel de confianza en sí mismo(a) está mucho más elevado ahora!

9. He (She) appears very confident in his (her) own abilities and he (she) reflects a very positive image.
Aparenta tener mucha seguridad en su habilidad propia y refleja una imagen muy positiva.

10. He (She) is a confident learner and acquires new skills easily.
Aprende con seguridad y adquiere habilidades nuevas con facilidad.

11. He (She) has continued to relax and gain confidence in himself (herself).
Se pone menos tenso y tiene más confianza en sí mismo(a).

12. I'm pleased to see him (her) gradually getting out of his (her) shell and voluntarily participating in class activities.
Estoy contento(a) de verlo(a) menos tímido y participar voluntariamente en actividades de la clase.

13. He (She) is becoming a confident student because of his (her) successful experiences.
Se está convirtiendo en un estudiante que tiene confianza en sí mismo(a) debido al éxito que ha tenido.

14. As more improvement takes place there will most likely be a gain in self-confidence.
Mientras más progreso haga, tendrá más confianza en sí mismo(a).

15. _____ has been very cheerful and more confident during the last month.
_____ ha estado muy contento(a) y más seguro de sí mismo(a) durante el último mes.

16. He (She) responds well to praise.
Reacciona bien cuando se le hacen elogios.

17. He (She) seems more confident and not afraid to express himself (herself).
Parece tener más seguridad y no tener miedo de expresarse.

84

18. He (She) has a good self-image and seems confident in his (her) actions.
    Tiene buen concepto de sí mismo(a) y parece tener confianza en sus acciones.

19. Because _____ has acquired poise and self-confidence, he (she) now appears before the group without hesitancy.
    Porque _____ ha adquirido seguridad y confianza en sí mismo(a) ahora se presenta delante de grupos sin titubear.

20. He (She) sets high standards for himself (herself) and knows how to arrive at them.
    Establece metas altas para sí mismo(a) y sabe cómo alcanzarlas.

21. He (She) appears to be more relaxed and able to accept his (her) own mistakes more easily.
    Parece estar más tranquilo(a) y capaz de aceptar sus propios errores más fácilmente.

_____

_____

_____

_____

_____

_____

_____

_____

_____

_____

Peer Relationships

Relaciones entre Compañeros

1. He (She) has established himself (herself) as a very strong leader in our classroom.
Se ha establecido como un líder muy importante en nuestra clase.

2. He (She) is well-liked by his (her) peers and is always willing to help.
Es muy apreciado(a) por sus compañeros y está siempre dispuesto a ayudarlos.

3. His (Her) friendly, happy attitude makes him (her) very popular with his (her) peers and endears him (her) to everyone.
Su actitud amigable y contenta hace que sea popular entre sus compañeros y apreciado por todos.

4. _____ is a good class helper and well-liked by his (her) peers.
_____ ayuda mucho en la clase y es apreciado(a) por sus compañeros.

5. He (She) is an able student and good leader.
Es un(a) estudiante muy capaz y un buen líder.

6. _____ is always very helpful in class and enjoys helping other students with their work.
_____ siempre ayuda mucho en la clase y disfruta de ayudar a otros estudiantes con su trabajo.

7. He (She) accepts responsibility and cooperates in his (her) groups.
Acepta responsabilidad y coopera en sus grupos.

8. His (Her) thoughtfulness and sensitivity to others is wonderful.
Su consideración y sensibilidad hacia otros es maravillosa.

9. He (She) cares about everyone and enjoys everything.
   Se preocupa por todos y disfruta de todo.

10. _____ is a good friend to all. Keep up the good work!
    _____ es buen(a) amigo(a) de todos. ¡Sigue adelante!

11. He (She) is kind to others.
    Es bueno(a) con otros.

12. His (Her) relations with fellow students seems greatly improved.
    Sus relaciones con otros estudiantes ha mejorado mucho.

13. _____ has show improvement in his (her) relations with others. He
    (She) continues to need our encouragement along these lines.
    **_____ ha demostrado progreso en sus relaciones con otros. Continúa
    necesitando nuestro respaldo al respecto.**

14. He (She) is looked up to by his (her) classmates.
    Es admirado(a) por sus compañeros.

15. _____ has done a good job assisting other students in using our
    classroom computers.
    **_____ ha hecho bien ayudando a otros estudiantes con el uso de las
    computadoras de la clase.**

16. The other children like him (her).
    Los demás (Los otros niños) lo (la) aprecian.

17. He (She) cooperates with the other children.
    Coopera con los otros niños.

18. He (She) likes to help others.
    Le gusta ayudar a los otros niños.

19. He (She) is respected by the other students.
   Lo (La) estiman (respetan) los otros estudiantes.

20. He (She) is very comfortable and outgoing with his (her) classmates.
   Se siente muy cómodo(a) y expresivo(a) con sus compañeros.

21. He (She) has a great personality and is a likeable child.
   Tiene mucha personalidad y es un(a) niño(a) muy simpático(a).

_____

_____

_____

_____

_____

_____

_____

_____

_____

_____

_____

_____

_____

_____

_____

General Comments

Comentarios Generales

1. His (Her) social skills show excellent progress.
   Sus habilidades sociales demuestran un progreso excelente.

2. He (She) is so happy. It is great to see his (her) smile each morning.
   Es tan alegre. Es muy agradable ver su sonrisa cada mañana.

3. His (Her) social/emotional development is undergoing a major change toward increased maturity.
   Su desarrollo socio/emocional experimenta un cambio importante hacia mayor madurez.

4. He (She) has a great sense of humor!
   ¡Tiene buen sentido de humor!

5. His (Her) kind and generous nature makes him (her) a wonderful person to teach.
   Su personalidad tan bondadosa y generosa hace muy agradable el enseñarle.

6. _____ is a positive happy student. He (She) is a pleasure to work with.
   _____ es un(a) estudiante muy positivo(a) y contento(a). Es un placer trabajar con él (ella).

7. He (She) is always sweet and kind to everyone in our class, making it a happy place to be!
   Es siempre muy encantador(a) y bueno(a) con todos en nuestra clase, haciéndola un lugar muy agradable.

8. _____ has really matured since the beginning of the year.
   _____ realmente ha madurado mucho desde el comienzo del año.

9. There are still a few times when he (she) gets his (her) feelings hurt or gets angry at someone's actions but he (she) is getting better and better at handling it with maturity.

Aun hay veces en las que sus sentimientos han sido heridos o se enoja por las acciones de alguien, pero está aprendiendo más y más a resolverlo con madurez.

10. He (She) still needs occasional reassurance that making mistakes is acceptable and an important part of the learning process.

Aun a veces necesita que se le asegure nuevamente que el cometer errores es aceptable y una parte importante del proceso de aprender.

_____

_____

_____

_____

_____

_____

_____

_____

_____

_____

_____

_____

_____

SOCIAL AND EMOTIONAL DEVELOPMENT

Desarollo Social y Emocional

Problem Areas - Áreas de Problemas

Aggressive Behavior - Comportamiento Agresivo

1. He (She) doesn't know how to control himself (herself).
   No sabe controlarse.

2. He's (She's) very rough when he (she) plays.
   Es muy brusco(a) cuando juega.

3. He (She) hurts the other children.
   Les hace daño a los otros niños.

4. He (She) needs help to use his (her) leadership qualities democratically.
   Necesita ayuda para usar sus cualidades de líder democráticamente.

5. He (She) shows a lack of maturity.
   Muestra falta de madurez.

6. We are still working to control his (her) competitive spirit on the playground. He (She) loves sports but needs to respect the ability of others.
   Seguimos trabajando para controlar su espíritu competidor en el patio de recreo. Le gustan mucho los deportes pero necesita respetar la habilidad de otros.

7. We are still working on behavior, especially telling on other children.
   Todavía estamos tratando de mejorar su compartamiento, especialmente el delatar a otros niños.

8. _____'s aggressive behavior towards his (her) peers still needs to be improved.

   _____ continúa necesitando mejorar su comportamiento agresivo hacia sus compañeros.

9. He (She) still tends to get impatient with the other children on occasion and his (her) temper can be quick to get in the way.

   Ocasionalmente se impacienta con los otros niños y su mal genio se interpone rápidamente.

10. He (She) needs to be more considerate of other people, even the teacher. He (She) has a tendency to want to manage other people too much.

    Necesita tener más consideración con otros, aun con el (la) profesor(a). Tiene la tendencia de querer manipular mucho a otros.

11. He (She) still needs to remember to keep his (her) hands to himself (herself) and to wait his (her) turn.

    Todavía necesita recordar que no debe tocar a los otros y debe esperar su turno.

12. His (Her) temper still occasionally gets in his (her) way in dealing with his (her) peers.

    Su mal genio ocasionalmente se interpone en sus relaciones con sus compañeros.

_____

_____

_____

_____

_____

_____

_____

_____

Shyness

Timidez

1. He's (She's) timid.
   Es tímido(a).

2. He's (She's) very shy.
   Es muy vergonzoso(a) (tímido(a)).

3. He's (She's) quiet (all the time).
   Es callado(a) (todo el tiempo).

4. I only wish he (she) could be a little more outgoing in school. He (She) is very quiet but very sweet.
   Solo quisiera que fuera un poquito más expresivo(a) en la escuela. Es muy callado(a) pero muy bueno(a).

5. He (She) often seems a little shy and reluctant to communicate with adults and in large group activities. We are encouraging him (her) to participate more frequently.
   Frecuentemente es un poco tímido(a) y no quiere comunicarse con los adultos o en actividades en grupos grandes. Lo (La) estamos animando a participar más frecuentemente.

6. He (She) is a quiet boy (girl) but has participated more this trimester than the previous trimester.
   Es un(a) niño(a) callado(a) pero ha participado más en este trimestre que en el anterior.

7. He (She) is quiet and thus does not share too many answers but I do hope to see more oral participation.
   Es callado(a) y por consiguiente no contesta muchas preguntas, pero yo espero ver más participación oral.

93

8. He (She) is so capable of orally participating yet he (she) chooses to sit back and observe.
Es tan capaz de participar oralmente, sin embargo él (ella) prefiere sentarse y observar.

9. _____ is a reserved boy (girl) and doesn't voluntarily participate in class interactions unless called upon.
_____ es un(a) niño(a) reservado(a) y no participa voluntariamente en discusiones en la clase a menos que se le pida.

10. I wish he (she) would speak up when giving answers in class as I often have to ask him (her) to repeat his (her) answers.
Quisiera que hablara en voz alta cuando da una respuesta en la clase ya que muchas veces tengo que pedirle que repita la respuesta.

11. In my opinion, _____ is using his (her) shyness as an excuse not to do what he (she) doesn't want to do.
En mi opinión _____ se vale de su timidez como una excusa para no tener que hacer lo que debe.

_____

_____

_____

_____

_____

_____

_____

_____

_____

_____

Sociability

Sociabilidad

1. His (Her) sociability needs to be curbed, and his (her) work will improve.
Necesita refrenar su sociabilidad, y su trabajo mejorará.

2. I am still trying to help _____ learn the appropriate times to talk and when to listen.
Aún estoy tratando de ayudar a _____ a aprender cuándo es apropiado hablar y cuándo escuchar.

3. He (She) is not showing the desired growth in social maturity for this grade level.
No demuestra el progreso deseado en madurez social para su nivel de grado.

4. He (She) needs to work on her social skills, especially when in group situations.
Necesita desarrollar sus habilidades sociales, especialmente cuando está en grupo.

_____

_____

_____

_____

_____

_____

_____

_____

Peer Relationships

Relaciones con Sus Compañeros

1. He (She) has some difficulty with getting along with his (her) peers. We are working very hard on making better choices and the importance of it.
   Tiene alguna dificultad en llevarse bien con sus compañeros. Estamos tratando de aprender a elegir mejor para llevarse bien y la importancia de hacerlo.

2. I would like to see him (her) become more patient with his (her) classmates.
   Me gustaría que fuera más paciente con sus compañeros de clase.

3. He (She) has a tendency to want to manage other people, and this causes him unhappiness at times in school.
   Tiene tendencia a querer manipular a otros, y esto le causa disgustos a veces en la escuela.

4. He (She) is very skilled in all fields of physical education although he (she) still needs much help in being a better sport.
   Es muy diestro en todas las áreas de educación física a pesar de que aún necesita mucha ayuda en ser más condescendiente en los deportes.

5. Frequently he (she) is unfair in games and then pouts if reprimanded.
   Frecuentemente es injusto en los juegos y después pone mala cara si se lo (la) censura.

6. _____ is a fine athlete and has the makings of a good leader. However, because of his (her) poor sportsmanship in games, he (she) is involved in many arguments.
   _____ es buen(a) atleta y puede ser un(a) buen(a) líder. Sin embargo debido a la falta de etiqueta en los juegos, se encuentra involucrado(a) en muchas disputas.

7. He (She) is in trouble frequently with the other children, and this causes him (her) much unhappiness.
Frecuentemente está en problemas con los otros niños, y esto lo (la) hace muy infelíz.

Self Concept

Concepto Propio

1. He (She) has such fine ability but is not yet totally confident of his (her) own resources and therefore doesn't always do well in test situations.
Tiene mucha habilidad pero aún no confía totalmente en sus propios recursos y por consiguiente no siempre tiene éxito en los exámenes.

2. I am very concerned with his (her) relationships with other students and his (her) own self-esteem. I would like to see us work as a team to help him (her) develop a sense of positive self-worth.
Estoy muy preocupado(a) por sus relaciones con los otros estudiantes y por su amor propio. Quisiera que nos esforzáramos juntos para ayudarle a desarrollar un sentido positivo de su valor.

3. He (She) is reluctant to participate in group activities, possibly because of a lack of confidence.
Es renuente a participar en actividades en grupo, posiblemente debido a la falta de confianza en sí mismo(a).

4. We will continue to work on his (her) self-confidence.
Continuaremos trabajando en aumentar su confianza en sí mismo(a).

5. I feel he (she) needs reassurance that he (she) is doing fine.
Creo que necesita que se le (la) reafirme que lo está haciendo bien.

97

6. I feel that improved self-confidence would greatly help his (her) academic progress.
   Yo creo que el mejorar su confianza en sí mismo(a) ayudará mucho en su progreso académico.

7. _____ is overanxious and worries about his (her) work at times which is probably indicative of a lack of self-confidence.
   _____ es muy impaciente y a veces se preocupa por su trabajo lo cual probablemente demuestra falta de confianza en sí mismo(a).

8. He (She) requires a great deal of praise and attention.
   Necesita muchos elogios y atención.

Stress

Tensión

1. He (She) seems tense and needs to relax more.
   Parece tenso(a) y necesita relajarse más.

2. He (She) seems to be under a lot of nervous strain.
   Parece que siente mucha tensión nerviosa.

3. Do you know why _____ is so tense?
   ¿Sabe(n) usted (ustedes) por qué _____ está tan tenso(a)?

_____

_____

_____

_____

PARENT

CONFERENCES

BEGINNING THE CONFERENCE

Empezando la Conferencia

1. My name is _____.
   Me llamo _____.

2. How are you?
   ¿Cómo está usted?
   ¿Cómo están ustedes?

3. It's a pleasure to know you.
   Mucho gusto en conocerle(les).

4. It's a pleasure.
   Mucho gusto. Es un placer.

5. How is your family?
   ¿Cómo está su familia?

6. Please wait a few minutes.
   Por favor, espere (esperen) unos minutos.

7. I am studying (learning) Spanish.
   Estoy estudiando (aprendiendo) español.

8. Please sit here.
   Siéntese (Siéntense) aquí, por favor.

9. I don't understand. Can you please speak more slowly?
   No entiendo. ¿Puede usted hablar más despacio, por favor?

ENDING THE CONFERENCE

Terminando la Entrevista

1. Do you have any questions?
   ¿Tiene alguna pregunta?

2. I'm happy to be his (her) teacher.
   Estoy contento(a) de ser su maestro(a).

3. I have another conference now. With your permission....
   Tengo otra cita ahora. Con permiso....

4. Thank you for coming.
   Muchas gracias por venir.

5. Please come back soon.
   Vuelva(n) pronto, por favor.

6. It was a pleasure talking to you.
   Me dio mucho gusto (Fue un placer) hablar con usted(es).

7. If you have any questions, write me a note or call me.
   Si tiene(n) alguna pregunta, escríbame (escríbanme) una nota o llámeme (llámenme).

8. If there are any problems, I will call you.
   Si hay algún problema, le (les) llamo por teléfono.

9. Good-bye.
   Hasta la vista. Hasta luego. Adiós.

_____

_____

HOME - SCHOOL

COOPERATION

TARDINESS AND ABSENCES

Atrasos y Ausencias

Tardiness

Atrasos

1. He (She) is frequently tardy and this disrupts the room.
   Frecuentemente llega tarde y esto interrumpe la clase.

2. His (Her) frequent late arrivals have harmed him (her) this reporting period.
   Sus atrasos frecuentes lo (la) han perjudicado en este período de reportes.

3. His (Her) tardiness affects his (her) own performance and also disrupts the class.
   Sus atrasos afectan el desempeño de su trabajo y también interrumpen la clase.

4. _____ is tardy frequently; often _____ minutes or more. This not only disturbs his (her) classmates, but it also affects his (her) work.
   _____ llega tarde frecuentemente; muchas veces _____ minutos o más. Esto no sólo molesta a sus compañeros, sino también afecta su trabajo.

5. Please send a note each time _____ is tardy, giving the reason.
   Por favor, mándeme un recado cada vez que _____ llega tarde, explicándome la razón.

6. I need to have talk with you immediately to discuss _____'s frequent tardiness.
   Necesito hablar con usted inmediatamente para cometar los atrasos frecuentes de _____ .

Absences

Ausencias

1. Sorry he (she) was ill so much during the winter (spring, fall, trimester, quarter, semester).
Siento que haya estado enfermo tantas veces durante el invierno (la primavera, el otoño, trimestre, cuarto del año, semestre).

2. He (She) has missed a great deal of instruction. He (She) has fine ability, but needs to be in class regularly.
Ha perdido mucha instrucción. Tiene buena habilidad, pero necesita asistir regularmente.

3. Even though _____ has had to miss a great deal of school this past trimester because of illness, he (she) nonetheless has made fine progress in all of his (her) basic skills.
A pesar de que _____ ha tenido que faltar mucho a la escuela este trimestre pasado debido a enfermedad, ha progresado en todas sus habilidades básicas.

4. During your month-long trip, _____ kept up (did not keep up) on his (her) work and did not fall behind (did fall behind).
Durante su viaje de un mes, _____ ha continuado (no ha continuado) con su trabajo y no se ha retrasado (se ha retrasado).

5. _____ has missed so much school this quarter that he (she) has missed most of the basic concepts which have been taught.
_____ ha estado ausente tanto durante este cuarto del año que ha perdido casi todos los conceptos básicos que fueron enseñados.

6. _____ has had a good year in spite of being absent often.
_____ ha tenido un buen año a pesar de haber estado ausente frecuentemente.

106

7. _____ does good school work when he (she) is present; however his (her) frequent absences cause some difficulties.

_____ hace su trabajo de la escuela bien cuando está presente; sin embargo, sus ausencias frecuentes le causan dificultad.

8. _____ has been absent _____ of _____ days this trimester.

_____ ha estado ausente _____ de _____ días en este trimestre.

9. _____'s attendance has stabilized now and his (her) progress reflects his (her) more regular attendance.

La asistencia de _____ se ha estabilizado ahora y su progreso refleja su asistencia más regular.

10. _____ has been absent less but still has irregular attendance.

_____ ha estado ausente menos pero sigue asistiendo irregularmente.

11. _____'s attendance has been much better lately.

La asistencia de _____ ha mejorado mucho últimamente.

12. It is hard to make an accurate evaluation of _____'s progress at this time because of his (her) frequent absences.

Es difícil hacer una evaluación correcta del progreso de _____ en este momento debido a sus ausencias frecuentes.

13. _____'s frequent absences make it difficult for him (her) to keep up with his (her) classmates.

Las ausencias frecuentes de _____ le dificultan mantenerse al nivel de sus compañeros.

14. Because of _____'s frequent absences, it will probably be necessary to repeat _____ grade.

Debido a las ausencias frecuentes de _____, probablemente necesitará repetir el _____ grado.

HOMEWORK

Tarea

Positive - (Positivo)

1. He (She) has never missed a homework assignment.
   Nunca ha dejado de hacer una tarea.

2. Your contribution to his (her) education at home is so evident!
   Thanks!
   **¡Su contribución a la instrucción de él (ella) en casa es tan evidente!
   ¡Gracias!**

3. There has been a tremendous improvement in _____'s completion of
   homework.
   _____ ha mejorado notablemente en entregar sus tareas completas.

4. Your interest and follow-through are impressing the importance of school
   and education upon _____, a most valuable lesson.
   **Su interés y refuerzo continuo están imprimiendo en _____ la
   importancia de la escuela y la educación, una lección muy valiosa.**

5. It really shows when _____ practices his (her) reading at home.
   Realmente se nota cuando _____ practica su lectura en la casa.

6. Thank you for your cooperation and support and all the special extra help
   you have given.
   **Gracias por su cooperación y apoyo y toda la ayuda adicional especial
   que me ha dado.**

7. It is obvious that he (she) spends time at home on his (her) school work.
   **Es claro que él (ella) se da tiempo en la casa para hacer su trabajo de
   la escuela.**

108

8. I appreciate the help you give him at home listening to him (her) read. This help is paying off. Keep it up!

   Aprecio la ayuda que le da(n) en la casa escuchándolo(a) leer. Esta ayuda está dando resultado. ¡Siga(n) adelante!

9. The extra work on reading has helped his (her) make progress.

   El trabajo adicional en lectura ha ayudado en su progreso.

10. Hooray! - He (She) has a perfect homework record!

    ¡Hurra! - Tiene un récord perfecto entregando la tarea.

Suggestions and Concerns

Sugerencias y Preocupaciones

1. He (She) needs to turn in his (her) homework on time.
   Debe entregar las tareas a tiempo.

2. Do you have a set of drill cards at home? Using them will help him (her) gain more strength in math.
   ¿Tiene(n) usted (ustedes) un juego de tarjetas de ejercicios en la casa? Ejercitar con ellas lo (la) hará tener más habilidad en matemáticas.

3. He (She) needs to continue practicing vocabulary and reading every night.
   Necesita continuar practicando el vocabulario y la lectura cada noche.

4. I would like to begin sending work home on a daily basis until he (she) gets caught up.
   Me gustaría empezar a enviar trabajo a la casa diariamente hasta que salga del atraso.

5. He (She) should take his (her) spelling home and study the weekly list.
   Debería llevar su trabajo de deletreo a la casa y estudiar las listas semanales.

6. He (She) needs to read more library books.
   Necesita leer más libros de la biblioteca.

7. He (She) does need to practice at home so he (she) will be where he (she) needs to be by the end of the year.
   Necesita practicar en la casa para que esté dónde debe de estar al final del año.

8. He (She) needs to get extra help at home.
   Necesita recibir ayuda adicional en casa.

9. Please encourage him (her) to keep reading at home; it does make a difference.
Por favor anímelo(la) anímenlo(la) a que continúe leyendo en la casa; realmente hace diferencia.

10. He (She) needs to do a better job getting his (her) homework in.
Necesita esforzarse más por entregar las tareas.

11. He (She) missed turning his (her) homework on time. In four assignments, he (she) turned the work in late twice.
No ha entregado su tarea a tiempo. De cuatro tareas, ha entregado la tarea atrasada dos veces.

12. He (She) needs to continue to practice the math facts each evening.
Necesita continuar practicando las tablas de matemáticas cada noche.

13. Please work with him (her) on his (her) new vocabulary words until he (she) knows them.
Por favor trabaje con él (ella) ejercitando sus palabras nuevas de vocabulario hasta que las sepa.

14. When he (she) brings his (her) worksheets home, please work with him (her).
Cuando él (ella) trae sus papeles de trabajo, por favor tabaje con él (ella).

15. Please give him (her) continued practice learning the set of vocabulary words I sent home with him (her).
Por favor dele práctica contínua aprendiendo la serie de palabras de vocabulario que mando a casa con él (ella).

16. Please help _____ at home with letter and numeral recognition and counting activities.
Por favor ayude en la casa a _____ con el reconocimiento de letras y números y con actividades de contar.

17. Please work with him (her) on telling time to the hour and half hour.
   Por favor ayúdelo(a) a aprender a decir la hora y la media hora.

18. Practicing oral reading at home/school will help _____'s confidence in his (her) reading ability.
   Practicar la lectura oral en la casa/escuela ayudará a _____ a confiar en su habilidad de leer.

19. Sometimes assignments are late or not turned in.
   Algunas veces entrega las tareas tarde o no las entrega.

20. He (She) needs to do his (her) homework!
   ¡Necesita hacer su tarea!

21. _____ has not turned in _____ of_____ homework assignments, nor is he (she) doing his (her) required minutes of reading every night.
   _____ no ha entregado _____ de _____ tareas ni está leyendo los minutos requeridos que tiene de tarea cada noche.

22. Please help him (her) at home to develop responsibility by seeing that he (she) does these assignments.
   Por favor ayúdelo(a) en la casa a sentirse responsable al insistir en que haga estas tareas.

23. Very little of his (her) make-up work has been done.
   Ha hecho muy poco de su trabajo de igualación.

24. The reading of easy library books at home will help him (her) achieve fluency in oral reading.
   Leer en la casa libros fáciles de la biblioteca le ayudará a lograr fluidez en la lectura oral.

25. I send home assignments with _____ almost every night, but he (she) never brings them back to me.
   Casi cada noche mando tareas con _____, pero nunca me las trae de vuelta.

26. He (She) rarely does his (her) homework and has turned in no book reports.
   Rara vez hace su tarea y nunca ha entregado reportes de libros.

27. Some homework assignments he (she) was given were very poorly done.
   Algunas asignaciones de tareas fueron hechas muy mal.

28. _____ has maintained his (her) fine grades this trimester except in the area of homework responsibility.
   _____ ha mantenido buenas notas este trimestre excepto en el área de responsabilidad en las tareas.

29. He (She) must be constantly reminded of make up work he (she) needs to do.
   Hay que recordarle constantemente del trabajo de igualación que debe hacer.

30. Although I give _____ homework to do, he (she) never brings it back to school. I would like to talk with you about his (her) attitude.
   Aunque le doy a _____ tarea que hacer, nunca la trae de vuelta a la escuela. Quisiera hablar con usted acerca de su actitud.

31. The work is hard for _____, and he (she) still needs consistent help every night.
   El trabajo es difícil para _____, y aún necesita que se le ayude consistentemente todas las noches.

32. Please have him (her) complete any work which was not done while he (she) was absent so he (she) does not get farther behind.
   Por favor hágalo(a) completar cualquier trabajo que se hizo durante su ausencia para que no se retrase más.

33. I'm disappointed in his (her) homework record again this quarter.
   Estoy decepcionado(a) otra vez con el informe de sus tareas en este cuarto del año.

COMMENTS, QUESTIONS AND SUGGESTIONS

Comentarios, Preguntas y Sugerencias

Home - School

Casa - Escuela

1. Can you participate in school activities?
   ¿Puede usted(es) participar en actividades en la escuela?

2. Do you ask your child about what he (she) is doing in school?
   ¿Usted(es) le pregunta(n) al niño (a la niña) lo que está haciendo en la escuela?

3. Thanks for your encouragement.
   Gracias por su ánimo (estímulo).

4. Thank you for your interest in our room.
   Gracias por su interés en nuestra clase.

5. I appreciate the help you have given me in understanding his (her) problem and hope we can continue to work together.
   Le(s) agradezco la ayuda que me ha(n) dado en entender el problema de él (ella) y espero que podamos continuar trabajando juntos.

6. I will be glad to talk with you about it.
   Yo estaría contento(a) de hablar con usted (ustedes) al respecto.

7. Let us continue to use the "note" system.
   Continuemos usando el sistema de comunicación por medio de "notas".

8. I would like a conference with you immediately to discuss his (her) behavior in school. Please call the school office for an appointment. The number is _____.
   Quisiera hablar con usted (ustedes) de inmediato acerca de su comportamiento en la escuela. Por favor, llame(n) la escuela para una cita. El número es _____.

114

9. Thank you for your cooperation and support and all the special extra help you have given.
   Gracias por su cooperación y apoyo y toda la ayuda adicional especial que me ha dado.

Child Development

Desarrollo del Niño

1. Praise him (her) frequently.
   Elógielo(la) usted frecuentemente.

2. How do you punish your child at home?
   ¿Cómo castiga usted al niño (a la niña) en casa?

3. Do you give him (her) praise?
   ¿Elogia al niño (a la niña)?

4. What responsibilities does he (she) have?
   ¿Qué responsabilidades tiene él (ella)?

5. Does _____ help at home?
   ¿Ayuda _____ en casa?

6. How does he (she) behave at home?
   ¿Cómo se porta él (ella) en casa?

7. Encourage him (her) to continue working hard.
   Anímelo(a) a que continúe trabajando diligentemente.

8. Do you find that he (she) needs to be urged to do his (her) best work at home?
   ¿Encuentra que necesita que se le empuje para hacer su mejor trabajo en la casa?

115

Compliments (Praise)

Alabanzas

1. It is a pleasure having such a fine boy (girl) in class.
   Es un placer tener a un(a) niño(a) tan bueno(a) en la clase.

2. It has been a pleasure working with such an alert and observant child.
   Ha sido un placer trabajar con un(a) niño(a) tan alerto(a) y observador(a).

3. You should be very proud of him (her).
   Usted debería estar muy orgulloso(a) de él (ella).

4. It's been another good semester for _____.
   Ha sido otro buen semestre para _____.

5. _____ appears to be a bright, young boy (girl).
   _____ parece ser un(a) niño(a) muy ingenioso(a) (inteligente).

6. You are to be commended for raising such a fine boy (girl).
   Usted (Ustedes) deben ser felicitado(s) por haber educado a un(a) niño(a) tan bueno(a).

7. What a pleasure it is to have _____ in class!
   ¡Qué placer es tener a _____ en la clase!

8. I am so fortunate to have a small part in assisting him (her) in this important part of his (her) life.
   Soy tan afortunado(a) de tener una pequeña parte en ayudarlo(a) en esta parte importante de su vida.

9. _____ has the ability and foundation to be an excellent student.
   _____ tiene la habilidad y la base para ser un(a) estudiante excelente.

ENDING THE

SCHOOL YEAR

ENDING THE YEAR

El Fin del Año

Retention

Retención

1. I think another year of _____ grade will be good for _____.
   Yo creo que otro año en el _____ grado será beneficioso para _____.

2. I feel that due to the poor progress and lack of effort, retention must be considered at this time.
   Yo pienso que debido al poco progreso y falta de esfuerzo de él (ella), se debe considerar que repita el año.

3. If _____ does not improve to grade level, another year of _____ grade will be recommended.
   Si _____ no mejora al nivel del grado, se recomendará que se repita el _____ grado.

4. _____ is going to need extra help in order to make it to the _____ grade.
   _____ va a necesitar ayuda adicional para continuar al _____ grado.

5. All the teachers who worked with _____ this year are recommending retention.
   Todos los maestros (las maestras) que trabajaran con _____ este año recomiendan que él (ella) repita el curso.

6. Retention was recommended for _____, but refused by the parent(s).   (note - comment for school records)
   Se recomendó que _____ repitiera el año, pero los padres no lo aceptaron.

END OF YEAR - FINAL COMMENTS

El Fin del Año - Comentos Finales

Positive - Positivo

1. Academically, _____ has done very well and has a good foundation
for _____ grade.
**Académicamente, _____ lo ha hecho muy bien y tiene buena base
para el _____ grado.**

2. _____ has had a very successful year in _____ grade.
_____ ha tenido un año muy exitoso en el _____ grado.

3. I have enjoyed the enthusiasm and depth of information that _____
has brought to our classroom this year.
**He disfrutado del entusiasmo y la profundidad de la información que
_____ ha traído a nuestra clase este año.**

4. _____ has been a very conscientious _____ grader. I have really
enjoyed having him (her) in our class. He (She) will do well in _____
grade.
**_____ ha sido un(a) alumno(a) muy concienzudo(a) del _____
grado. He disfrutado mucho de tenerlo(a) en nuestra clase. Hará bien
en el _____ grado.**

5. It was very special for me to have _____ in my class this year. He
(She) is such a delightful child!
**Ha sido muy especial para mí tener a _____ en mi clase este año.
¡Es un deleite de niño(a)!**

6. _____ has made good progress this year. Most _____ grade
objectives have been mastered.
**_____ ha progresado mucho este año. La mayor parte de los
objetivos del _____ grado han sido aprendidos a fondo.**

7. I have enjoyed _____ this year. He (She) is a good student and a very nice boy (girl)! He (She) has made good progress this year.
He disfrutado de _____ este año. Es un(a) buen(a) estudiante y un(a) niño(a) muy amable. Ha progresado mucho este año.

8. Encourage _____ to read every day this summer.
Anime a _____ a leer todos los días este verano.

9. I feel he (she) has an excellent foundation for success next year. I wish him (her) the best. I'll miss him (her)!
Yo pienso que él (ella) tiene una base excelente para tener éxito el próximo año. Le deseo lo mejor. ¡Lo (La) extrañaré!

10. He (She) has maintained a positive attitude throughout the year. It has been a pleasure to have had _____ in class.
Ha mantenido una actitud positiva durante el año. Ha sido un placer tener a _____ en la clase.

11. He (She) has remained very motivated and interested in the subjects taught throughout the year. It has been a sincere pleasure to have been his (her) teacher.
Ha mantenido mucha motivación e interés en las materias enseñadas durante el año. Ha sido un sincero placer haber sido su maestro(a).

12. You can be very proud of the wonderful job you have done in raising _____.
Debe(n) estar muy orgulloso(s) del maravilloso trabajo que ha(n) hecho al criar a _____.

13. Being _____'s teacher this year has been a real pleasure for me.
Ha sido realmente un placer para mí haber sido maestro(a) de _____ este año.

14. I know he (she) will have a successful school career.
Yo sé que él (ella) tendrá una exitosa carrera en la escuela.

15. He (She) has worked very hard this year.
   Ha trabajado muy diligentemente este año.

16. _____ has an excellent future ahead of him (her).
   A _____ lo (la) espera un futuro excelente.

17. Thank you for your cooperation and support and all the special extra help you have given.
   Gracias por su cooperación y apoyo y todo el trabajo adicional especial que me ha(n) dado.

18. Your child would be a welcome addition to any class.
   Su hijo(a) sería beinvenido(a) en cualquier clase.

19. He (She) is a super student with an excellent foundation for success next year.
   Es un(a) estudiante sobresaliente con una base excelente para tener éxito el próximo año.

20. I've enjoyed his (her) wonderful attitude and enthusiasm. He's (She's) a delight.
   He disfrutado de su actitud maravillosa y de su entusiasmo. Es un deleite de niño(a).

21. I hope he (she) can maintain his (her) enthusiasm and creativity throughout his (her) school career.
   Espero que él (ella) pueda mantener su entusiasmo y creatividad durante toda su carrera escolar.

22. I wish _____ good luck in the _____ grade. I hope he (she) will mature into the fine boy (girl) I know he (she) could be.
   Le deseo mucha suerte a _____ en el _____ grado. Espero que llegue a ser el (la) niño(a) excelente que sé que puede ser.

23. _____ has had a wonderful year. He (She) has really blossomed!
   _____ ha tenido un año maravilloso. ¡Realmente ha prosperado!

24. It has been a real pleasure to have such an extremely conscientious student as _____ in my class this year.

Ha sido realmente un placer tener un(a) alumno(a) tan responsable como _____ en mi clase este año.

25. Best wishes for a wonderful summer vacation!

¡Le (Les) deseo unas vacaciones de verano maravillosas!

26. _____, it's been great being your teacher this year.

_____, ha sido muy agradable ser tu maestro(a) este año.

27. He (She) should do well in the years to come!

Lo hará bien en los años que vienen.

28. His (Her) good foundation in the basic skills will help him (her) in the _____ grade.

Su buen fundamento en las habilidades básicas lo(a) ayudarán en el _____ grado.

29. I've enjoyed his (her) constant enthusiasm and desire for learning this year.

He disfrutado de su entusiasmo constante y su deseo de aprender este año.

30. I wish him (her) success in _____ grade next year. He (She) will be a welcome addition to any class.

Le deseo un exitoso año en el _____ grado. Él (Ella) será bienvenido(a) en cualquier clase.

_____

_____

_____

_____

_____

Suggestions and Concerns

Sugerencias y Preocupaciones

1. I hope that he (she) will continue to get his (her) work done on a regular basis when he (she) starts next year.
   Espero que continúe haciendo su trabajo regularmente cuando empiece el próximo año.

2. He (She) would benefit from a periodic reviewing of this year's work during the summer.
   Se beneficiaría de una revisión periódica del trabajo de este año durante el verano.

3. He (She) will have difficulty next year if he (she) does not improve his (her) independent work habits.
   Tendrá dificultad el próximo año si no mejora sus hábitos de estudio independiente.

4. _____ will need to improve his (her) study habits to get good grades in _____ grade.
   _____ necesitará mejorar sus hábitos de estudio para sacar buenas notas en el _____ grado.

5. He (She) will have to do some maturing this summer, if he (she) is to stay out of trouble with his (her) peers next year in the _____ grade.
   Tiene que madurar durante el verano si no quiere tener problemas con sus compañeros el próximo año en el _____ grado.

6. Please have him (her) practice math problems during the summer.
   Por favor hágalo(a) practicar problemas de matemáticas durante el verano.

7. His (Her) selection of friends needs to be monitored so that he (she) stays out of trouble.
   La selección de amigos de él (ella) se debe vigilar para que no se meta en líos.

8. He (She) should continue reading and practicing comprehension skills through the summer.
Debe continuar leyendo y practicando las habilidades de comprensión durante el verano.

9. Encourage him (her) to read every day during vacation.
Animelo(a) a que lea todos los días durante las vacaciones.

10. I do hope _____'s health is much improved next school year. He (She) has so much potential.
Realmente espero que la salud de _____ se mejore el próximo año escolar. Tiene tanto potencial.

11. I would like to see him (her) continue to read a lot this summer so his (her) vocabulary continues to grow and he (she) can keep up with the top group.
Me gustaría verlo(a) continuar leyendo mucho este verano para que continúe aumentando su vocabulario y pueda mantenerse al nivel del grupo más avanzado.

12. He (She) may need some extra work in reading and math this summer.
Puede necesitar trabajo adicional en lectura y matemáticas este verano.

13. Summer school is recommended.
Se recomienda que asista a la escuela de verano.

14. _____ needs to work very hard reviewing the basic skills during the summer.
_____ necesita trabajar mucho repasando las habilidades básicas durante el verano.

15. _____ will have to work very hard to be successful in _____ grade.
_____ tendrá que trabajar muy diligentemente si quiere tener éxito en el _____ grado.

16. I hope he (she) can visit the public library this summer, and try to read daily.
Espero que pueda ir a la biblioteca pública este verano, y que trate de leer diariamente.

17. I hope _____ will do a lot of reading this summer.
    Espero que _____ lea much durante el verano.

18. I would continue to have him (her) practice these skills this summer
    (consonant sounds, vowel sounds), so he (she) can put words
    together.
    **Continuaría haciéndolo(la) practicar estas destrezas este verano
    (sonidos de consonantes, sonidos de vocales) para que
    pueda formar palabras.**

_____

_____

_____

_____

_____

_____

_____

_____

_____

_____

_____

_____

_____

_____

126

VOCABULARY LISTS

Schools

Escuelas

pre-school	**pre-kínder, guardería**
kindergarten	**kínder**
elementary school	**escuela primaria (elemental)**
middle school	**escuela intermedia**
junior high school	**escuela intermedia**
high school	**escuela secundaria**
college	**colegio, (academia)**
university	**universidad**
vocational (trade) school	**escuela vocacional**
private school	**colegio particular**
public school	**colegio público** **escuela pública**

School Facilities

Facilidades Escolares

auditorium	**auditorio**
bathroom	**cuarto de baño**
bus (school)	**autobús escolar**
bus stop	**parada de bus** **parada de autobús**

cafeteria	**cafetería**
classroom	**salón**
	clase
	aula
	cuarto
corridor	**corredor**
district office	**centro del distrito escolar**
	oficina del distrito
gymnasium	**gimnasio**
hallway	**corredor**
laboratory	**laboratorio**
library	**biblioteca**
nurse's office	**oficina de la enfermera**
office	**oficina**
playground	**patio de recreo**
principal's office	**oficina del director**
	(de la directora)
restroom	**cuarto de baño**
school	**escuela**
school bus	**autobús escolar**
sports field	**campo de deportes**
vice principal's office	**oficina del vice-director**
	(de la vice-directora)

School District Personnel

Personal del Distrito Escolar

advisor	**consejero(a)**
advisory committee	**comité consejero**
aide (teacher's)	**ayudante de maestro(a)** **asistente de maestro(a)**
board of directors	**junta directiva**
cafeteria worker	**trabajador(a) de la cocina**
clerk	**empleado de la oficina**
counselor	**consejero(a)**
dean	**decano(a)**
gardener	**jardinero**
guidance specialist	**especialista de dirección**
interpreter	**intérprete**
nurse	**enfermero(a)**
personnel	**personal**
playground supervisor	**supervisor(a) del patio de recreo**
principal	**director(a)**
psychologist	**sicólogo(a) (psicólogo(a)**
reading specialist	**especialista de lectura**
school board	**mesa directiva**

school board member	**miembro(a) de la mesa directiva**
secretary	**secretaria**
specialist	**especialista**
speech therapist	**terapista del habla**
substitute teacher	**maestra sustituta**
superintendent	**superintendente**
teacher	**maestro(a)** **profesor(a)**
teacher of a "pull out" class	**maestro(a) auxiliar**
vice principal	**vice director(a)**
volunteer	**voluntario(a)**

Report Cards

average
   (above average)
   (below average)
	el promedio
	   mejor del promedio
	   bajo del promedio

grade level (at)
   (above grade level)
 	
   (below grade level)
	al nivel del grado
	   adelantado(a) del nivel del grado
	   atrasado(a) del nivel del grado

average ability	**la capacidad regular**
grade(s)	**la calificación** **las calificaciones** **la(s) nota(s)**
report card	**la tarjeta de calificaciones** **la cartilla escolar**

Student Names

Nombres de los Alumnos

boy(s)   **niño(s), chamaco(s)**
                                    chico(s), muchacho(s)
                                    nene(s) (toddlers)

elementary school student   **alumno(a) de primaria**

eighth grader   **alumno(a) del octavo año (grado)**

fifth grader   **alumno(a) del quinto año (grado)**

first grader   **alumno(a) del primer año (grado)**

fourth grader   **alumno(a) del cuarto año (grado)**

freshman   **estudiante de primer año de**
                                    secundaria

girl(s)   **niña(s), chamaca(s)**
                                    chica(s), muchachas
                                    nena(s) (toddlers)

junior   **estudiante de tercer año de**
                                    secundaria

kindergartener   **niño de kínder**

school age child   **niño de edad escolar**

second grader   **alumno(a) del segundo año (grado)**

secondary school student   **alumno(a) de secundaria**

senior   **estudiante de cuarto año de**
                                    secundaria

seventh grader   **alumno(a) del séptimo año (grado)**

sixth grader   **alumno(a) del sexto año (grado)**

sophomore   **estudiante de segundo año de**
                                    secundaria

student	**estudiante, alumno(a)**
third grader	**alumno(a) del tercer año (grado)**

School Subjects

Materias

art	**arte**
computer science	**ciencia computadora**
geography	**geografía**
history	**historia**
language arts	**artes de lengua**
reading	**lectura**
oral language	**lenguaje oral**
written language	**lenguaje escrito**
spelling	**ortographía**
phonics	**fonética**
handwriting	**escritura**
handwriting, cursive	**letra manuscrita**
English	**inglés**
Spanish	**español**
mathematics	**matemáticas**
music	**música**
physical education	**educación física**
science	**ciencia**
social science	**ciencia social**

The School Year

El Año Escolar

beginning of the school year	**principio del año escolar**
first day of school	**primer día de clases**
first trimester	**primer trimestre**
second trimester	**segundo trimestre**
third trimester	**tercer trimestre**
first quarter	**primer cuarto del año**
second quarter	**segundo cuarto del año**
third quarter	**tercer cuarto del año**
fourth quarter	**cuarto cuarto (o final) cuarto del año**
semester	**semestre**
beginning (end) of the first semester	**principio (final) del primer semestre**
beginning (end) of the second semester	**principio (final) del segundo semestre**
parent conference day(s)	**día(s) de conferencia con los padres**
last day of school	**último día de clases**
intersession classes	**clases de vacaciones o intersesión**
year round school	**clases de año contínuo**

Special Programs and Services

Programas y Servicios Especiales

Blind/Visually Impaired	**Ciego o con Impedimento Visual**
Continuation School	**Escuela de Continuación**
Court School	**Escuela de Carcel**
Deaf or Hard of Hearing	**Sordo con Problema de Audición**
Educationally Retarded	**Educacionalmente Retardado(a)**
English as a Second Language	**Inglés como Segundo Idioma**
Gifted and Talented Education	**Educación para Estudiantes Dotados y Talentosos**
Honors Program	**Programa de Honor**
Learning Assitance Program	**Programa de Asistencia de Aprendizaje**
Learning Handicapped	**Impedimento de Aprendizaje**
Migrant Education	**Educación para Migrantes**
Non-intensive / Intensive Pre-school Program	**Programa Pre-escolar No-Intensivo/ Intensivo**
Opportunity School	**Escuela de Oportunidad**
Pre-school	**Pre-kínder, Guardería**
Pupil Personnel Services	**Servicios de Personal a Alumnos**
Severe Disorders of Language	**Irregularidades Severas del Habla**
Severely Emotionally Disturbed	**Perturbación Emocional Severa**

Special Day Class	**Clase Especial Durante el Día**
Special Education	**Educación Especial**
Speech or Language Impaired	**Impedimento del Habla o Lenguaje**
Speech Therapy	**Terapía del Habla**
Trainable Mentally Retarded	**Retardado(a) Mental Entrenable**
Vocational Education	**Educación Vocacional**

_____   _____

_____   _____

_____   _____

_____   _____

_____   _____

_____   _____

_____   _____

_____   _____

_____   _____

_____   _____

Vocabulary for Children with Special Needs

Vocabulario para Niños con Necesidades Especiales

ability	**habilidad**
	capacidad
ability (to have)	**tener la habilidad**
	tener la capacidad
ability to learn	**habilidad de aprender**
able (to be)	**poder**
abnormal	**anormal**
achieve (to)	**llevar a cabo**
	lograr
	ganar
achievement	**realización**
	logro
adept	**experto(a)**
	perito(a)
adequate	**suficiente**
	adecuado(a)
age, chronological	**edad cronológica**
age, mental	**edad mental**
aggressive	**agresivo(a)**
	ofensivo(a)
alert	**listo(a)**
	alerto(a)
	vivo(a)
	despierto(a)
antisocial	**antisocial**
anxiety	**inquietud**
	ansiedad

anxious	**ansioso(a)** **inquieto(a)**
aptitud	**aptitud**
assess (to)	**evaluar** **estimar**
assessment	**evaluación** **estimación**
assign	**asignar**
assignment	**lección,** **asignación** **tarea**
assist (to)	**ayudar** **asistir**
attention span	**duración de prestar** **atención**
attention span (lack of)	**lapso de atención**
aware (to become)	**enterarse de** **darse cuento de** **saber**
babyish	**aniñado(a)** **infantil**
bashful	**tímido(a)** **encogido(a)**
behave (to)	**conducirse** **comportarse**
behave (having good conduct)	**de buena conducta**
behavior	**conducta** **comportamiento**
behind	**detrás**
blend sounds (to)	**fusionar sonidos**

bright	**listo(a)**
	inteligente
calm	**tranquilo(a)**
	quieto(a)
capacity	**capacidad**
cheerful	**alegre**
childish	**aniñado(a)**
child welfare	**protección de la**
	infancia
communicate (to)	**comunicar**
comprehend (to)	**comprender**
comprehension	**comprensión**
conform (to)	**conformarse**
confused (to be)	**estar confundido(a)**
consent	**consentimiento**
	permiso
consent (to)	**consentir**
	permiso
consequence	**consecuencia**
control self	**incapaz de**
(unable to)	**controlarse**
counselor	**consejero(a)**
daydream	**ensueño**
	sueño despierto
daydream (to)	**soñar despierto**
deformity	**deformidad**
dependent	**dependiente**

deportment	**conducta**
	comportamiento
dexterity	**destreza**
different	**diferente**
difficult	**difícil**
difficulty	**dificultad**
diploma	**diploma**
disability	**inhabilidad**
	incapacidad
disable (to)	**incapacitar**
disabled (to be)	**estar incapacitado(a)**
disadvantage	**desventaja**
discipline	**disciplina**
discipline (to)	**disciplinar**
	castigar
disorderly	**desordenado(a)**
disrupt (to)	**interrumpir**
distracted, easily	**distraído fácilmente**
disturbance	**alboroto**
dominant	**dominante**
education	**educación**
	instrucción
educational	**educativo, educacional**
effective	**eficaz**
effective date	**fecha efectiva**

emotional state	estado emocional
encourage (to)	animar
encouragement	ánimo
	aliento
enunciate (to)	enunciar
	pronunciar
express oneself (to)	expresarse
fall behind (to)	atrasarse
fidgety	inquieto(a)
	nervioso(a)
follower	seguidor(a)
	imitador(a)
forgetful	olvidadizo(a)
	descuidado(a)
function (to)	funcionar
	desempeñar
gifted	talentoso(a)
	muy inteligente
high strung	tenso(a)
	impresionable
hypersensitive	extramadamente
	sensible
	muy sensible
identification	identificación
identify (to)	identificar
illiterate	analfabeto(a)
improve (to)	mejorar(se)
improvement	mejoramiento
inappropriate	inapropiado

inattention	**desatención**
inattentive	**desatento(a)**
incomplete	**incompleto**
individual educational plan	**programa educativo individualizado**
inform (to)	**avisar** **informar**
informed (to keep)	**ponerle al corriente** **informarlo**
insecure	**inseguro(a)**
instruction	**instrucción**
instructor	**maestro(a)** **instructor** **profesor(a)**
intelligence	**inteligencia**
intelligence quotient	**cociente intelectual**
intelligent	**inteligente**
intent	**intento**
interest	**interés**
interested	**interesado(a)**
intervention	**intervención**
introverted	**introvertido(a)**
keep up (to)	**mantener** **conservar**
keep quiet (to)	**quedarse callado(a)** **estarse quieto(a)**
know how to	**saber (+ infinitive)**

language	**idioma** **lengua**
learning	**aprendizaje**
learning problem	**problema de aprendizaje**
lip read (to)	**leer los labios**
lip reading	**labiolectura**
listen (to)	**escuchar**
literate	**instruido(a)** **que sabe leer y escribir**
lively	**animado(a)** **vivo(a)**
loss of thought	**pérdida de pensamiento**
maintain (to)	**mantener**
mastery	**dominio**
meaning	**sentido, significado**
measures (to take)	**tomar las medidas**
meeting(s)	**entrevista(s), cita(s)** **reuniones (large groups)**

memory
  auditory
  visual
	memoria
	  auditiva
	  visual

minimal	**mínimo**
minor child	**menor de edad**
moods	**accesos de mal humor**
moody	**malhumorado(a)**
motor sensory functioning	**funcionamiento motor-** **sensorio**

naughty	**desobediente**
	pícaro(a)
neurosis	**neurosis**
noisy	**ruidoso(a)**
non-conformist	**disidente**
normal	**normal**
notify (to)	**notificar**
	avisar
obstinate	**obstinado(a)**
often	**a menudo**
	muchas veces
often (not)	**pocas veces**
	a veces
opinion	**opinión**
opinion (in my)	**a mi parecer**
	en mi opinión
opportunity	**oportunidad**
orphan	**huérfano(a)**
outburst	**arranque**
	ataque
out grow	**dejar las cosas**
	de los niños
over and over	**repetidas veces**
	una y otra vez
overbearing	**altanero(a)**
	imperioso(a)
overcome (to)	**vencer**
	superar

pace (to keep pace with)	**andar al mismo paso que**
patience	**paciencia**
patient (to be)	**tener paciencia**
perception	**percepción**
personality	**personalidad**
personnel (school)	**personal (de la escuela)**
pertaining to	**referente a**
physical problems	**problemas físicos**
postpone (to)	**posponer** **postergar**
pout	**poner mala cara** **hacer pucheros**
practice	**práctica**
practice (to)	**practicar**
praise	**alabanza** **elogio**
predict (to)	**predecir**
procedure	**procedimiento**
procrastinate (to)	**diferir de un día para otro** **dilatar** **procrastinar**
proficient	**hábil** **diestro(a)** **proficiente**
progress (to make)	**progresar**
pronunciation	**pronunciación**
psycho-linguistic	**sicolinguístico** **psicolinguístico**

psychological	**sicológico**
	psicológico
psychologist	**sicólogo(a)**
	psicólogo(a)
purpose	**propósito**
qualify (to)	**calificar**
	habilitar
question	**pregunta**
question (to ask a)	**preguntar**
questionnaire	**cuestionario**
quiet	**quieto(a)**
	callado(a)
	silencioso(a)
quiet down (to)	**calmarse**
quiet (to keep)	**callarse**
read (to)	**leer**
reader (book)	**libro de lectura**
reading level	**nivel de lectura**
reading (school subject)	**lectura**
reassessment	**reevaluación**
reluctant	**renuente**
	maldispuesto(a)
remember (to)	**recordar**
	acordarse
remedial reading	**lectura remediadora**
report	**informe**
	reporte

report (to)	**notificar**
	reportar
	informar
report card	**reporte de progreso**
	libreta de notas
	libreta de calificaciones
reserved (in personality)	**introvertido(a)**
responsible for	**responsable por**
responsible (to be)	**ser responsable**
restless	**intranquilo(a)**
results	**resultados**
retain	**detener**
retarded (mentally)	**retrasado(a) mentalmente**
review (to)	**repasar**
	revisar
rights	**derechos**
rude	**grosero(a)**
	brusco(a)
	rudo(a)
satisfactory	**satisfactorio(a)**
screening test	**examen de selección**
scribble	**garrapatear**
self-conscious	**cohibido(a)**
	tímido(a)
	apocado(a)
self-control	**domino de sí mismo**
self-discipline	**autodisciplina**
sensitive	**sensible**

shy	**tímido(a)**
	austadizo(a)
sickly	**enfermizo(a)**
slow to move	**lento(a) para mover(se)**
slow to understand	**lerdo(a) para entender**
	tardo(a)
small (stature)	**bajo(a)**
smart	**astuto(a)**
	listo(a)
	inteligente
solitary	**solitario(a)**
solution	**solución**
soon	**pronto**
soon (as soon as possible)	**cuanto antes**
	lo más pronto posible
soon (how soon?)	**¿cuándo?**
spatial	**espacial**
speech	**habla**
speech clinic	**clínica de habla**
	clínica de lenguaje
speech correction	**rehabilitación del habla**
speech impediment	**impedimento del habla**
strengths	**habilidades**
studious	**estudioso(a)**
stutter (to)	**tartamudear**
succeed (to)	**acertar**
	tener éxito
	lograr

successful	**exitoso(a)**
suicidal	**suicida**
support (to)	**apoyar** **soportar**
talented	**talentoso(a)**
talk	**plática** **charla**
talk (to)	**hablar**
talkative	**hablador(a)** **locuaz**
temper (to lose)	**perder la paciencia**
temperment	**disposición** **temperamento**
tempermental	**tempermental**
tutor	**maestro(a) particular** **tutor**
under-privileged	**desamparado(a)** **desafortunado(a)**
unruly	**ingobernable** **indómito(a)**
unsatisfactory	**poco satisfactorio(a)** **insatisfactorio(a)**
up (to keep up with)	**mantener**
verbal expression	**expresión verbal**
violent	**violento(a)**
vocabulary	**vocabulario**
weaknesses	**debilidades**

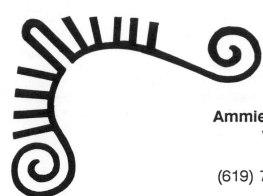

Ammie Enterprises, P. O. Box 2132
Vista, CA 92085-2132

(619) 758-4561 FAX (619) 941-2476

Please send:

_____ copies of **THE BILINGUAL DICTIONARY OF SCHOOL TERMINOLOGY** ($14.95)

_____ copies of **REPORTING TO PARENTS IN ENGLISH AND SPANISH** ($14.95)

_____ copies of **SPANISH FOR THE SCHOOL NURSE'S OFFICE** ($14.95)

Ship to:

_____

_____

_____

Method of payment: _____ check or money order
_____ school district purchase order

(Orders not accompanied by a purchase order must be paid in advance.)

SHIPPING AND HANDLING CHARGES: 10%

CA residents add sales tax

10 or more copies - 10% discount   20 or more copies - 15% discount
50 or more copies - 20% discount

Satisfaction Guaranteed